TURBO
VOCABULARIO

PALABRAS MÁS USADAS

ESPAÑOL-TURCO

Las palabras más útiles
Para expandir su vocabulario y refinar
sus habilidades lingüísticas

3000 palabras

Vocabulario Español-Turco - 3000 palabras más usadas
por Andrey Taranov

Los vocabularios de T&P Books buscan ayudar en el aprendizaje, la memorización y la revisión de palabras de idiomas extranjeros. El diccionario se divide por temas, cubriendo toda la esfera de las actividades cotidianas, de negocios, ciencias, cultura, etc.

El proceso de aprendizaje de palabras utilizando los diccionarios temáticos de T&P Books le proporcionará a usted las siguientes ventajas:

- La información del idioma secundario está organizada claramente y predetermina el éxito para las etapas subsiguientes en la memorización de palabras.
- Las palabras derivadas de la misma raíz se agrupan, lo cual permite la memorización de grupos de palabras en vez de palabras aisladas.
- Las unidades pequeñas de palabras facilitan el proceso de reconocimiento de enlaces de asociación que se necesitan para la cohesión del vocabulario.
- De este modo, se puede estimar el número de palabras aprendidas y así también el nivel de conocimiento del idioma.

Copyright © 2024 T&P Books Publishing

Todos los derechos reservados. Ninguna porción de este libro puede reproducirse o utilizarse de ninguna manera o por ningún medio; sea electrónico o mecánico, lo cual incluye la fotocopia, grabación o información almacenada y sistemas de recuperación, sin el permiso escrito de la editorial.

T&P Books Publishing
www.tpbooks.com

ISBN: 978-1-78314-072-5

Este libro está disponible en formato electrónico o de E-Book también.
Visite www.tpbooks.com o las librerías electrónicas más destacadas en la Red.

VOCABULARIO TURCO
palabras más usadas

Los vocabularios de T&P Books buscan ayudar al aprendiz a aprender, memorizar y repasar palabras de idiomas extranjeros. Los vocabularios contienen más de 3000 palabras comúnmente usadas y organizadas de manera temática.

- El vocabulario contiene las palabras corrientes más usadas.
- Se recomienda como ayuda adicional a cualquier curso de idiomas.
- Capta las necesidades de aprendices de nivel principiante y avanzado.
- Es conveniente para uso cotidiano, prácticas de revisión y actividades de auto-evaluación.
- Facilita la evaluación del vocabulario.

Aspectos claves del vocabulario

- Las palabras se organizan según el significado, no según el orden alfabético.
- Las palabras se presentan en tres columnas para facilitar los procesos de repaso y auto-evaluación.
- Los grupos de palabras se dividen en pequeñas secciones para facilitar el proceso de aprendizaje.
- El vocabulario ofrece una transcripción sencilla y conveniente de cada palabra extranjera.

El vocabulario contiene 101 temas que incluyen lo siguiente:

Conceptos básicos, números, colores, meses, estaciones, unidades de medidas, ropa y accesorios, comida y nutrición, restaurantes, familia nuclear, familia extendida, características de personalidad, sentimientos, emociones, enfermedades, la ciudad y el pueblo, exploración del paisaje, compras, finanzas, la casa, el hogar, la oficina, el trabajo en oficina, importación y exportación, promociones, búsqueda de trabajo, deportes, educación, computación, la red, herramientas, la naturaleza, los países, las nacionalidades y más ...

TABLA DE CONTENIDO

GUÍA DE PRONUNCIACIÓN   8
ABREVIATURAS   9

CONCEPTOS BÁSICOS   10

1. Los pronombres   10
2. Saludos. Salutaciones   10
3. Las preguntas   11
4. Las preposiciones   11
5. Las palabras útiles. Los adverbios. Unidad 1   12
6. Las palabras útiles. Los adverbios. Unidad 2   13

NÚMEROS. MISCELÁNEA   15

7. Números cardinales. Unidad 1   15
8. Números cardinales. Unidad 2   16
9. Números ordinales   16

LOS COLORES. LAS UNIDADES DE MEDIDA   17

10. Los colores   17
11. Las unidades de medida   17
12. Contenedores   18

LOS VERBOS MÁS IMPORTANTES   20

13. Los verbos más importantes. Unidad 1   20
14. Los verbos más importantes. Unidad 2   20
15. Los verbos más importantes. Unidad 3   21
16. Los verbos más importantes. Unidad 4   22

LA HORA. EL CALENDARIO   24

17. Los días de la semana   24
18. Las horas. El día y la noche   24
19. Los meses. Las estaciones   25

EL VIAJE. EL HOTEL	28
20. Las vacaciones. El viaje	28
21. El hotel	28
22. El turismo. La excursión	29

EL TRANSPORTE	31
23. El aeropuerto	31
24. El avión	32
25. El tren	32
26. El barco	33

LA CIUDAD	36
27. El transporte urbano	36
28. La ciudad. La vida en la ciudad	37
29. Las instituciones urbanas	38
30. Los avisos	39
31. Las compras	40

LA ROPA Y LOS ACCESORIOS	42
32. La ropa exterior. Los abrigos	42
33. Ropa de hombre y mujer	42
34. La ropa. La ropa interior	43
35. Gorras	43
36. El calzado	43
37. Accesorios personales	44
38. La ropa. Miscelánea	44
39. Productos personales. Cosméticos	45
40. Los relojes	46

LA EXPERIENCIA DIARIA	47
41. El dinero	47
42. La oficina de correos	48
43. La banca	48
44. El teléfono. Las conversaciones telefónicas	49
45. El teléfono celular	50
46. Los artículos de escritorio. La papelería	50
47. Los idiomas extranjeros	51

LAS COMIDAS. EL RESTAURANTE	53
48. Los cubiertos	53
49. El restaurante	53
50. Las comidas	53
51. Los platos	54
52. La comida	55

53. Las bebidas	57
54. Las verduras	58
55. Las frutas. Las nueces	59
56. El pan. Los dulces	59
57. Las especias	60

LA INFORMACIÓN PERSONAL. LA FAMILIA 61

58. La información personal. Los formularios	61
59. Los familiares. Los parientes	61
60. Los amigos. Los compañeros del trabajo	62

EL CUERPO. LA MEDICINA 64

61. La cabeza	64
62. El cuerpo	65
63. Las enfermedades	65
64. Los síntomas. Los tratamientos. Unidad 1	67
65. Los síntomas. Los tratamientos. Unidad 2	68
66. Los síntomas. Los tratamientos. Unidad 3	69
67. La medicina. Las drogas. Los accesorios	69

EL APARTAMENTO 71

68. El apartamento	71
69. Los muebles. El interior	71
70. Los accesorios de cama	72
71. La cocina	72
72. El baño	73
73. Los aparatos domésticos	74

LA TIERRA. EL TIEMPO 75

74. El espacio	75
75. La tierra	76
76. Los puntos cardinales	77
77. El mar. El océano	77
78. Los nombres de los mares y los océanos	78
79. Las montañas	79
80. Los nombres de las montañas	80
81. Los ríos	80
82. Los nombres de los ríos	81
83. El bosque	81
84. Los recursos naturales	82
85. El tiempo	83
86. Los eventos climáticos severos. Los desastres naturales	84

LA FAUNA 86

87. Los mamíferos. Los predadores	86
88. Los animales salvajes	86

89. Los animales domésticos	87
90. Los pájaros	88
91. Los peces. Los animales marinos	90
92. Los anfibios. Los reptiles	90
93. Los insectos	91

LA FLORA 92

94. Los árboles	92
95. Los arbustos	92
96. Las frutas. Las bayas	93
97. Las flores. Las plantas	94
98. Los cereales, los granos	95

LOS PAÍSES 96

99. Los países. Unidad 1	96
100. Los países. Unidad 2	97
101. Los países. Unidad 3	97

GUÍA DE PRONUNCIACIÓN

T&P alfabeto fonético	Ejemplo turco	Ejemplo español

Las vocales

[a]	akşam [akʃam]	radio
[e]	kemer [kemer]	princesa
[i]	bitki [bitki]	ilegal
[ɪ]	fırıncı [fɪrɪndʒɪ]	abismo
[o]	foto [foto]	bordado
[u]	kurşun [kurʃun]	mundo
[ø]	römorkör [rømorkør]	alemán - Hölle
[y]	cümle [dʒymle]	pluma

Las consonantes

[b]	baba [baba]	en barco
[d]	ahududu [ahududu]	desierto
[dʒ]	acil [adʒil]	jazz
[f]	felsefe [felsefe]	golf
[g]	guguk [guguk]	jugada
[ʒ]	Japon [ʒapon]	adyacente
[j]	kayak [kajak]	asiento
[h]	merhaba [merhaba]	registro
[k]	okumak [okumak]	charco
[l]	sağlıklı [saalıklı]	lira
[m]	mermer [mermer]	nombre
[n]	nadiren [nadiren]	número
[p]	papaz [papaz]	precio
[r]	rehber [rehber]	era, alfombra
[s]	saksağan [saksaan]	salva
[ʃ]	şalgam [ʃalgam]	shopping
[t]	takvim [takvim]	torre
[tʃ]	çelik [tʃelik]	mapache
[v]	Varşova [varʃova]	travieso
[z]	kuzey [kuzej]	desde

ABREVIATURAS
usadas en el vocabulario

Abreviatura en español

adj	-	adjetivo
adv	-	adverbio
anim.	-	animado
conj	-	conjunción
etc.	-	etcétera
f	-	sustantivo femenino
f pl	-	femenino plural
fam.	-	uso familiar
fem.	-	femenino
form.	-	uso formal
inanim.	-	inanimado
innum.	-	innumerable
m	-	sustantivo masculino
m pl	-	masculino plural
m, f	-	masculino, femenino
masc.	-	masculino
mat	-	matemáticas
mil.	-	militar
num.	-	numerable
p.ej.	-	por ejemplo
pl	-	plural
pron	-	pronombre
sg	-	singular
v aux	-	verbo auxiliar
vi	-	verbo intransitivo
vi, vt	-	verbo intransitivo, verbo transitivo
vr	-	verbo reflexivo
vt	-	verbo transitivo

CONCEPTOS BÁSICOS

1. Los pronombres

yo	ben	[ben]
tú	sen	[sen]
él, ella, ello	o	[o]
nosotros, -as	biz	[biz]
vosotros, -as	siz	[siz]
ellos, ellas	onlar	[onlar]

2. Saludos. Salutaciones

¡Hola! (fam.)	Selam!	[selam]
¡Hola! (form.)	Merhaba! Nasilsiniz?	[merhaba], [nasilsiniz]
¡Buenos días!	Günaydın!	[gynajdın]
¡Buenas tardes!	İyi günler!	[iji gynler]
¡Buenas noches!	İyi akşamlar!	[iji akʃamlar]
decir hola	selam vermek	[selam vermek]
¡Hola! (a un amigo)	Selam! Merhaba!	[selam], [merhaba]
saludo (m)	selam	[selam]
saludar (vt)	selamlamak	[selamlamak]
¿Cómo estáis?	Nasilsiniz?	[nasılsınız]
¿Cómo estás?	Nasılsın?	[nasılsın]
¿Qué hay de nuevo?	Ne var ne yok?	[ne var ne jok]
¡Hasta la vista! (form.)	Hoşça kalın!	[hoʃtʃa kalın]
¡Hasta la vista! (fam.)	Hoşça kal!	[hoʃtʃa kal]
¡Hasta pronto!	Görüşürüz!	[gøryʃyryz]
¡Adiós!	Elveda!	[elveda]
despedirse (vr)	vedalaşmak	[vedalaʃmak]
¡Hasta luego!	Güle güle!	[gyle gyle]
¡Gracias!	Teşekkür ederim!	[teʃekkyr ederim]
¡Muchas gracias!	Çok teşekkür ederim!	[tʃok teʃekkyr ederim]
De nada	Rica ederim	[ridʒa ederim]
No hay de qué	Bir şey değil	[bir ʃej deil]
De nada	Estağfurullah	[estaafurulla]
¡Disculpa!	Affedersin!	[afedersin]
¡Disculpe!	Affedersiniz!	[afedersiniz]
disculpar (vt)	affetmek	[afetmek]
disculparse (vr)	özür dilemek	[øzyr dilemek]
Mis disculpas	Özür dilerim	[øzyr dilerim]
¡Perdóneme!	Affedersiniz!	[afedersiniz]

T&P Books. Vocabulario Español-Turco - 3000 palabras más usadas

perdonar (vt)	bağışlamak	[baɪʃlamak]
¡No pasa nada!	Önemli değil!	[ønemli deil]
por favor	lütfen	[lytfen]

¡No se le olvide!	Unutmayın!	[unutmajın]
¡Ciertamente!	Kesinlikle!	[kesinlikte]
¡Claro que no!	Tabii ki hayır!	[tabii ki hajır]
¡De acuerdo!	Tamam!	[tamam]
¡Basta!	Yeter artık!	[jeter artık]

3. Las preguntas

¿Quién?	Kim?	[kim]
¿Qué?	Ne?	[ne]
¿Dónde?	Nerede?	[nerede]
¿Adónde?	Nereye?	[nereje]
¿De dónde?	Nereden?	[nereden]
¿Cuándo?	Ne zaman?	[ne zaman]
¿Para qué?	Niçin?	[nitʃin]
¿Por qué?	Neden?	[neden]

¿Por qué razón?	Ne için?	[ne itʃin]
¿Cómo?	Nasıl?	[nasıl]
¿Qué ...? (~ color)	Hangi?	[hangi]
¿Cuál?	Hangisi?	[hangisi]

¿A quién?	Kime?	[kime]
¿De quién? (~ hablan ...)	Kim hakkında?	[kim hakkında]
¿De qué?	Ne hakkında?	[ne hakkında]
¿Con quién?	Kimle?	[kimle]

¿Cuánto? (innum.)	Ne kadar?	[ne kadar]
¿Cuánto? (num.)	Kaç adet?	[katʃ adet]
¿De quién? (~ es este ...)	Kimin?	[kimin]
¿De quién? (pl)	Kimlerin?	[kimlerin]

4. Las preposiciones

con ... (~ algn)	ile birlikte	[ile birlikte]
sin ... (~ azúcar)	-siz (sız/suz/süz)	[siz/sız/suz/syz]
a ... (p.ej. voy a México)	-e, -a	[e], [a]
de ... (hablar ~)	hakkında	[hakkında]
antes de ...	önce	[øndʒe]
delante de ...	önünde	[ønynde]

debajo	altında	[altında]
sobre ..., encima de ...	üstüne	[ystyne]
en, sobre (~ la mesa)	üstünde	[ystynde]
de (origen)	-den, -dan	[den], [dan]
de (fabricado de)	-den, -dan	[den], [dan]
dentro de ...	içinde	[itʃinde]
encima de ...	üstünden	[ystynden]

11

5. Las palabras útiles. Los adverbios. Unidad 1

¿Dónde?	Nerede?	[nerede]
aquí (adv)	burada	[burada]
allí (adv)	orada	[orada]
en alguna parte	bir yerde	[bir jerde]
en ninguna parte	hiçbir yerde	[hitʃbir jerde]
junto a ...	... yanında	[janında]
junto a la ventana	pencerenin yanında	[pendʒerenin janında]
¿A dónde?	Nereye?	[nereje]
aquí (venga ~)	buraya	[buraja]
allí (vendré ~)	oraya	[oraja]
de aquí (adv)	buradan	[buradan]
de allí (adv)	oradan	[oradan]
cerca (no lejos)	yakında	[jakında]
lejos (adv)	uzağa	[uzaa]
cerca de ...	yakınında	[jakınında]
al lado (de ...)	yakınlarda	[jakınlarda]
no lejos (adv)	uzakta değil, yakında	[uzakta deil], [jakında]
izquierdo (adj)	sol	[sol]
a la izquierda (situado ~)	solda	[solda]
a la izquierda (girar ~)	sola	[sola]
derecho (adj)	sağ	[saa]
a la derecha (situado ~)	sağda	[saada]
a la derecha (girar)	sağa	[saa]
delante (yo voy ~)	önde	[ønde]
delantero (adj)	ön	[øn]
adelante (movimiento)	ileri	[ileri]
detrás de ...	arkada	[arkada]
desde atrás	arkadan	[arkadan]
atrás (da un paso ~)	geriye	[gerije]
centro (m), medio (m)	orta	[orta]
en medio (adv)	ortasında	[ortasında]
de lado (adv)	kenarda	[kenarda]
en todas partes	her yerde	[her jerde]
alrededor (adv)	etrafında	[etrafında]
de dentro (adv)	içerlden	[itʃeriden]
a alguna parte	bir yere	[bir jere]
todo derecho (adv)	dosdoğru	[dosdooru]
atrás (muévelo para ~)	geri	[geri]
de alguna parte (adv)	bir yerden	[bir jerden]
no se sabe de dónde	bir yerlerden	[bir jerlerden]

| primero (adv) | ilk olarak | [ilk olarak] |
| segundo (adv) | ikinci olarak | [ikindʒi olarak] |
| tercero (adv) | üçüncü olarak | [ytʃundʒy olarak] |//
de súbito (adv)	birdenbire	[birdenbire]
al principio (adv)	başlangıçta	[baʃlangɪtʃta]
por primera vez	ilk kez	[ilk kez]
mucho tiempo antes ...	çok önce	[tʃok øndʒe]
de nuevo (adv)	baştan, yeniden	[baʃtan], [jeniden]
para siempre (adv)	sonsuza kadar	[sonsuza kadar]

jamás, nunca (adv)	hiçbir zaman	[hitʃbir zaman]
de nuevo (adv)	tekrar	[tekrar]
ahora (adv)	şimdi	[ʃimdi]
frecuentemente (adv)	sık	[sɪk]
entonces (adv)	o zaman	[o zaman]
urgentemente (adv)	acilen	[adʒilen]
usualmente (adv)	genellikle	[genellikle]

a propósito, ...	aklıma gelmişken, ...	[aklıma gelmiʃken]
es probable	herhalde	[herhalde]
probablemente (adv)	muhtemelen	[muhtemelen]
tal vez	belki, muhtemelen	[belki], [muhtemelen]
además ...	ayrıca ...	[ajrɪdʒa]
por eso ...	bu yüzden	[bu juzden]
a pesar de ...	rağmen ...	[raamen]
gracias a ...	... sayesinde	[sajesinde]

qué (pron)	ne	[ne]
que (conj)	ki	[ki]
algo (~ le ha pasado)	bir şey	[bir ʃej]
algo (~ así)	herhangi bir şey	[herhangi bir ʃej]
nada (f)	hiçbir şey	[hitʃbir ʃej]

quien	kim	[kim]
alguien (viene ~)	birisi	[birisɪ]
alguien (¿ha llamado ~?)	biri	[biri]

nadie	hiç kimse	[hitʃ kimse]
a ninguna parte	hiçbir yere	[hitʃbir jere]
de nadie	kimsenin	[kimsenin]
de alguien	birinin	[birinin]

tan, tanto (adv)	çok, öylesine	[tʃok], [øjlesine]
también (~ habla francés)	dahi	[dahi]
también (p.ej. Yo ~)	de, da	[de], [da]

6. Las palabras útiles. Los adverbios. Unidad 2

¿Por qué?	Neden?	[neden]
no se sabe porqué	nedense	[nedense]
porque ...	çünkü	[tʃynky]
por cualquier razón (adv)	her nedense	[her nedense]
y (p.ej. uno y medio)	ve	[ve]

13

Español	Turco	Pronunciación
o (p.ej. té o café)	veya	[veja]
pero (p.ej. me gusta, ~)	fakat	[fakat]
para (p.ej. es para ti)	için	[itʃin]
demasiado (adv)	fazla	[fazla]
sólo, solamente (adv)	yalnızca	[jalnızdʒa]
exactamente (adv)	tam olarak	[tam olarak]
unos ..., cerca de ... (~ 10 kg)	yaklaşık	[jaklaʃık]
aproximadamente	yaklaşık olarak	[jaklaʃık olarak]
aproximado (adj)	yaklaşık	[jaklaʃık]
casi (adv)	neredeyse	[neredejse]
resto (m)	gerisi	[gerisi]
el otro (adj)	öbür, diğer	[øbyr], [dijer]
otro (p.ej. el otro día)	öteki	[øteki]
cada (adj)	her biri	[her biri]
cualquier (adj)	herhangi biri	[herhangi biri]
mucho (adv)	çok	[tʃok]
muchos (mucha gente)	birçokları	[birtʃokları]
todos	hepsi, herkes	[hepsi], [herkez]
a cambio de ...	... karşılık olarak	[karʃılık olarak]
en cambio (adv)	yerine	[jerine]
a mano (hecho ~)	elle, el ile	[elle], [el ile]
poco probable	şüpheli	[ʃypheli]
probablemente	büyük olasılıkla	[byjuk olasılıkla]
a propósito (adv)	mahsus	[mahsus]
por accidente (adv)	tesadüfen	[tesadyfen]
muy (adv)	çok	[tʃok]
por ejemplo (adv)	mesela	[mesela]
entre (~ nosotros)	arasında	[arasında]
entre (~ otras cosas)	arasında	[arasında]
tanto (~ gente)	öyle çok	[øjle tʃok]
especialmente (adv)	özellikle	[øzelikle]

NÚMEROS. MISCELÁNEA

7. Números cardinales. Unidad 1

cero	sıfır	[sıfır]
uno	bir	[bir]
dos	iki	[iki]
tres	üç	[ytʃ]
cuatro	dört	[dørt]
cinco	beş	[beʃ]
seis	altı	[altı]
siete	yedi	[jedi]
ocho	sekiz	[sekiz]
nueve	dokuz	[dokuz]
diez	on	[on]
once	on bir	[on bir]
doce	on iki	[on iki]
trece	on üç	[on ytʃ]
catorce	on dört	[on dørt]
quince	on beş	[on beʃ]
dieciséis	on altı	[on altı]
diecisiete	on yedi	[on jedi]
dieciocho	on sekiz	[on sekiz]
diecinueve	on dokuz	[on dokuz]
veinte	yirmi	[jirmi]
veintiuno	yirmi bir	[jirmi bir]
veintidós	yirmi iki	[jirmi iki]
veintitrés	yirmi üç	[jirmi ytʃ]
treinta	otuz	[otuz]
treinta y uno	otuz bir	[otuz bir]
treinta y dos	otuz iki	[otuz iki]
treinta y tres	otuz üç	[otuz ytʃ]
cuarenta	kırk	[kırk]
cuarenta y uno	kırk bir	[kırk bir]
cuarenta y dos	kırk iki	[kırk iki]
cuarenta y tres	kırk üç	[kırk ytʃ]
cincuenta	elli	[elli]
cincuenta y uno	elli bir	[elli bir]
cincuenta y dos	elli iki	[elli iki]
cincuenta y tres	elli üç	[elli ytʃ]
sesenta	altmış	[altmıʃ]
sesenta y uno	altmış bir	[altmıʃ bir]

sesenta y dos	altmış iki	[altmıʃ iki]
sesenta y tres	altmış üç	[altmıʃ ytʃ]
setenta	yetmiş	[jetmiʃ]
setenta y uno	yetmiş bir	[jetmiʃ bir]
setenta y dos	yetmiş iki	[jetmiʃ iki]
setenta y tres	yetmiş üç	[jetmiʃ ytʃ]
ochenta	seksen	[seksen]
ochenta y uno	seksen bir	[seksen bir]
ochenta y dos	seksen iki	[seksen iki]
ochenta y tres	seksen üç	[seksen ytʃ]
noventa	doksan	[doksan]
noventa y uno	doksan bir	[doksan bir]
noventa y dos	doksan iki	[doksan iki]
noventa y tres	doksan üç	[doksan ytʃ]

8. Números cardinales. Unidad 2

cien	yüz	[juz]
doscientos	iki yüz	[iki juz]
trescientos	üç yüz	[ytʃ juz]
cuatrocientos	dört yüz	[dørt juz]
quinientos	beş yüz	[beʃ juz]
seiscientos	altı yüz	[altı juz]
setecientos	yedi yüz	[jedi juz]
ochocientos	sekiz yüz	[sekiz juz]
novecientos	dokuz yüz	[dokuz juz]
mil	bin	[bin]
dos mil	iki bin	[iki bin]
tres mil	üç bin	[ytʃ bin]
diez mil	on bin	[on bin]
cien mil	yüz bin	[juz bin]
millón (m)	milyon	[miljon]
mil millones	milyar	[miljar]

9. Números ordinales

primero (adj)	birinci	[birindʒi]
segundo (adj)	ikinci	[ikindʒi]
tercero (adj)	üçüncü	[ytʃyndʒy]
cuarto (adj)	dördüncü	[dørdyndʒy]
quinto (adj)	beşinci	[beʃindʒi]
sexto (adj)	altıncı	[altındʒı]
séptimo (adj)	yedinci	[jedindʒi]
octavo (adj)	sekizinci	[sekizindʒi]
noveno (adj)	dokuzuncu	[dokuzundʒu]
décimo (adj)	onuncu	[onundʒu]

LOS COLORES. LAS UNIDADES DE MEDIDA

10. Los colores

color (m)	renk	[renk]
matiz (m)	ton	[ton]
tono (m)	renk tonu	[renk tonu]
arco (m) iris	gökkuşağı	[gøkkuʃaı]
blanco (adj)	beyaz	[bejaz]
negro (adj)	siyah	[sijah]
gris (adj)	gri	[gri]
verde (adj)	yeşil	[jeʃil]
amarillo (adj)	sarı	[sarı]
rojo (adj)	kırmızı	[kırmızı]
azul (adj)	mavi	[mavi]
azul claro (adj)	açık mavi	[atʃık mavi]
rosa (adj)	pembe	[pembe]
naranja (adj)	turuncu	[turundʒu]
violeta (adj)	mor	[mor]
marrón (adj)	kahverengi	[kahverengi]
dorado (adj)	altın	[altın]
argentado (adj)	gümüş, gümüş rengi	[gymyʃ], [gymyʃ rengi]
beige (adj)	bej rengi	[beʒ rengi]
crema (adj)	krem rengi	[krem rengi]
turquesa (adj)	turkuaz	[turkuaz]
rojo cereza (adj)	vişne rengi	[viʃne rengi]
lila (adj)	leylak rengi	[lejlak rengi]
carmesí (adj)	koyu kırmızı	[koju kırmızı]
claro (adj)	açık	[atʃık]
oscuro (adj)	koyu	[koju]
vivo (adj)	parlak	[parlak]
de color (lápiz ~)	renkli	[renkli]
en colores (película ~)	renkli	[renkli]
blanco y negro (adj)	siyah-beyaz	[sijah bejaz]
unicolor (adj)	tek renkli	[tek renkli]
multicolor (adj)	rengârenk	[rengjarenk]

11. Las unidades de medida

peso (m)	ağırlık	[aırlık]
longitud (f)	uzunluk	[uzunluk]

17

anchura (f)	genişlik	[geniʃlik]
altura (f)	yükseklik	[jukseklik]
profundidad (f)	derinlik	[derinlik]
volumen (m)	hacim	[hadʒim]
área (f)	alan	[alan]

gramo (m)	gram	[gram]
miligramo (m)	miligram	[miligram]
kilogramo (m)	kilogram	[kilogram]
tonelada (f)	ton	[ton]
libra (f)	libre	[libre]
onza (f)	ons	[ons]

metro (m)	metre	[metre]
milímetro (m)	milimetre	[milimetre]
centímetro (m)	santimetre	[santimetre]
kilómetro (m)	kilometre	[kilometre]
milla (f)	mil	[mil]

pulgada (f)	inç	[intʃ]
pie (m)	kadem	[kadem]
yarda (f)	yarda	[jarda]

| metro (m) cuadrado | metrekare | [metrekare] |
| hectárea (f) | hektar | [hektar] |

litro (m)	litre	[litre]
grado (m)	derece	[deredʒe]
voltio (m)	volt	[volt]
amperio (m)	amper	[amper]
caballo (m) de fuerza	beygir gücü	[bejgir gydʒy]

cantidad (f)	miktar	[miktar]
un poco de …	biraz …	[biraz]
mitad (f)	yarım	[jarım]
docena (f)	düzine	[dyzine]
pieza (f)	adet, tane	[adet], [tane]

| dimensión (f) | boyut | [bojut] |
| escala (f) (del mapa) | ölçek | [øltʃek] |

mínimo (adj)	minimum	[minimum]
el más pequeño (adj)	en küçük	[en kytʃuk]
medio (adj)	orta	[orta]
máximo (adj)	maksimum	[maksimum]
el más grande (adj)	en büyük	[en byjuk]

12. Contenedores

tarro (m) de vidrio	kavanoz	[kavanoz]
lata (f)	teneke	[teneke]
cubo (m)	kova	[kova]
barril (m)	fıçı, varil	[fıtʃı], [varil]
palangana (f)	leğen	[leen]

tanque (m)	tank	[tank]
petaca (f) (de alcohol)	matara	[matara]
bidón (m) de gasolina	benzin bidonu	[benzin bidonu]
cisterna (f)	tank	[tank]
taza (f) (mug de cerámica)	kupa	[kupa]
taza (f) (~ de café)	fincan	[findʒan]
platillo (m)	fincan tabağı	[findʒan tabaɪ]
vaso (m) (~ de agua)	bardak	[bardak]
copa (f) (~ de vino)	kadeh	[kade]
olla (f)	tencere	[tendʒere]
botella (f)	şişe	[ʃiʃe]
cuello (m) de botella	boyun	[bojun]
garrafa (f)	sürahi	[syrahi]
jarro (m) (~ de agua)	testi	[testi]
recipiente (m)	kap	[kap]
tarro (m)	çömlek	[tʃømlek]
florero (m)	vazo	[vazo]
frasco (m) (~ de perfume)	şişe	[ʃiʃe]
frasquito (m)	küçük şişe	[kytʃuk ʃiʃe]
tubo (m)	tüp	[typ]
saco (m) (~ de azúcar)	çuval	[tʃuval]
bolsa (f) (~ plástica)	torba	[torba]
paquete (m) (~ de cigarrillos)	paket	[paket]
caja (f)	kutu	[kutu]
cajón (m) (~ de madera)	sandık	[sandık]
cesta (f)	sepet	[sepet]

LOS VERBOS MÁS IMPORTANTES

13. Los verbos más importantes. Unidad 1

abrir (vt)	açmak	[atʃmak]
acabar, terminar (vt)	bitirmek	[bitirmek]
aconsejar (vt)	tavsiye etmek	[tavsije etmek]
adivinar (vt)	tahmin etmek	[tahmin etmek]
advertir (vt)	uyarmak	[ujarmak]
alabarse, jactarse (vr)	övünmek	[øvynmek]
almorzar (vi)	öğle yemeği yemek	[ø:le jemei jemek]
alquilar (~ una casa)	kiralamak	[kiralamak]
amenazar (vt)	tehdit etmek	[tehdit etmek]
arrepentirse (vr)	üzülmek	[yzylmek]
ayudar (vt)	yardım etmek	[jardım etmek]
bañarse (vr)	suya girmek	[suja girmek]
bromear (vi)	şaka yapmak	[ʃaka japmak]
buscar (vt)	aramak	[aramak]
caer (vi)	düşmek	[dyʃmek]
callarse (vr)	susmak	[susmak]
cambiar (vt)	değiştirmek	[deiʃtirmek]
castigar, punir (vt)	cezalandırmak	[dʒezalandırmak]
cavar (vt)	kazmak	[kazmak]
cazar (vi, vt)	avlamak	[avlamak]
cenar (vi)	akşam yemeği yemek	[akʃam jemei jemek]
cesar (vt)	durdurmak	[durdurmak]
coger (vt)	tutmak	[tutmak]
comenzar (vt)	başlamak	[baʃlamak]
comparar (vt)	karşılaştırmak	[karʃılaʃtırmak]
comprender (vt)	anlamak	[anlamak]
confiar (vt)	güvenmek	[gyvenmek]
confundir (vt)	birbirine karıştırmak	[birbirine karıʃtırmak]
conocer (~ a alguien)	tanımak	[tanımak]
contar (vt) (enumerar)	saymak	[sajmak]
contar con ...	... güvenmek	[gyvenmek]
continuar (vt)	devam etmek	[devam etmek]
controlar (vt)	kontrol etmek	[kontrol etmek]
correr (vi)	koşmak	[koʃmak]
costar (vt)	değerinde olmak	[deerinde olmak]
crear (vt)	oluşturmak	[oluʃturmak]

14. Los verbos más importantes. Unidad 2

dar (vt)	vermek	[vermek]
dar una pista	ipucu vermek	[ipudʒu vermek]

decir (vt)	söylemek	[søjlemek]
decorar (para la fiesta)	süslemek	[syslemek]
defender (vt)	savunmak	[savunmak]
dejar caer	düşürmek	[dyʃyrmek]
desayunar (vi)	kahvaltı yapmak	[kahvaltı japmak]
descender (vi)	aşağı inmek	[aʃaı inmek]
dirigir (administrar)	yönetmek	[jønetmek]
disculpar (vt)	affetmek	[afetmek]
disculparse (vr)	özür dilemek	[øzyr dilemek]
discutir (vt)	tartışmak	[tartıʃmak]
dudar (vt)	tereddüt etmek	[tereddyt etmek]
encontrar (hallar)	bulmak	[bulmak]
engañar (vi, vt)	aldatmak	[aldatmak]
entrar (vi)	girmek	[girmek]
enviar (vt)	göndermek	[gøndermek]
equivocarse (vr)	hata yapmak	[hata japmak]
escoger (vt)	seçmek	[setʃmek]
esconder (vt)	saklamak	[saklamak]
escribir (vt)	yazmak	[jazmak]
esperar (aguardar)	beklemek	[beklemek]
esperar (tener esperanza)	ummak	[ummak]
estar (vi)	olmak	[olmak]
estar de acuerdo	razı olmak	[razı olmak]
estudiar (vt)	okumak	[okumak]
exigir (vt)	talep etmek	[talep etmek]
existir (vi)	var olmak	[var olmak]
explicar (vt)	izah etmek	[izah etmek]
faltar (a las clases)	kaçırmak	[katʃırmak]
firmar (~ el contrato)	imzalamak	[imzalamak]
girar (~ a la izquierda)	dönmek	[dønmek]
gritar (vi)	bağırmak	[baırmak]
guardar (conservar)	saklamak	[saklamak]
gustar (vi)	hoşlanmak	[hoʃlanmak]
hablar (vi, vt)	konuşmak	[konuʃmak]
hacer (vt)	yapmak, etmek	[japmak], [etmek]
informar (vt)	bilgi vermek	[bilgi vermek]
insistir (vi)	ısrar etmek	[ısrar etmek]
insultar (vt)	hakaret etmek	[hakaret etmek]
interesarse (vr)	ilgilenmek	[ilgilenmek]
invitar (vt)	davet etmek	[davet etmek]
ir (a pie)	yürümek, gitmek	[jurymek], [gitmek]
jugar (divertirse)	oynamak	[ojnamak]

15. Los verbos más importantes. Unidad 3

leer (vi, vt)	okumak	[okumak]
liberar (ciudad, etc.)	kurtarmak	[kurtarmak]
llamar (por ayuda)	çağırmak	[tʃaırmak]

T&P Books. Vocabulario Español-Turco - 3000 palabras más usadas

| llegar (vi) | gelmek | [gelmek] |
| llorar (vi) | ağlamak | [aalamak] |

matar (vt)	öldürmek	[øldyrmek]
mencionar (vt)	anmak	[anmak]
mostrar (vt)	göstermek	[gøstermek]
nadar (vi)	yüzmek	[juzmek]

negarse (vr)	reddetmek	[reddetmek]
objetar (vt)	itiraz etmek	[itiraz etmek]
observar (vt)	gözlemlemek	[gøzlemlemek]
oír (vt)	duymak	[dujmak]

olvidar (vt)	unutmak	[unutmak]
orar (vi)	dua etmek	[dua etmek]
ordenar (mil.)	emretmek	[emretmek]
pagar (vi, vt)	ödemek	[ødemek]
pararse (vr)	durmak	[durmak]

participar (vi)	katılmak	[katılmak]
pedir (ayuda, etc.)	rica etmek	[ridʒa etmek]
pedir (en restaurante)	sipariş etmek	[sipariʃ etmek]
pensar (vi, vt)	düşünmek	[dyʃynmek]

percibir (ver)	farketmek	[farketmek]
perdonar (vt)	bağışlamak	[baıʃlamak]
permitir (vt)	izin vermek	[izin vermek]
pertenecer a ...	... ait olmak	[ait olmak]

planear (vt)	planlamak	[planlamak]
poder (v aux)	yapabilmek	[japabilmek]
poseer (vt)	sahip olmak	[sahip olmak]
preferir (vt)	tercih etmek	[terdʒih etmek]
preguntar (vt)	sormak	[sormak]

preparar (la cena)	pişirmek	[piʃirmek]
prever (vt)	beklemek	[beklemek]
probar, tentar (vt)	denemek	[denemek]
prometer (vt)	vaat etmek	[vaat etmek]
pronunciar (vt)	telâffuz etmek	[telafuz etmek]

proponer (vt)	önermek	[ønermek]
quebrar (vt)	kırmak	[kırmak]
quejarse (vr)	şikayet etmek	[ʃikajet etmek]
querer (amar)	sevmek	[sevmek]
querer (desear)	istemek	[istemek]

16. Los verbos más importantes. Unidad 4

recomendar (vt)	tavsiye etmek	[tavsije etmek]
regañar, reprender (vt)	azarlamak	[azarlamak]
reírse (vr)	gülmek	[gylmek]
repetir (vt)	tekrar etmek	[tekrar etmek]
reservar (~ una mesa)	rezerve etmek	[rezerve etmek]

T&P Books. Vocabulario Español-Turco - 3000 palabras más usadas

responder (vi, vt)	cevap vermek	[dʒevap vermek]
robar (vt)	çalmak	[tʃalmak]
saber (~ algo mas)	bilmek	[bilmek]
salir (vi)	çıkmak	[tʃɯkmak]
salvar (vt)	kurtarmak	[kurtarmak]
seguir ...	... takip etmek	[takip etmek]
sentarse (vr)	oturmak	[oturmak]
ser (vi)	olmak	[olmak]
ser necesario	gerekmek	[gerekmek]
significar (vt)	anlamına gelmek	[anlamɯna gelmek]
sonreír (vi)	gülümsemek	[gylymsemek]
sorprenderse (vr)	şaşırmak	[ʃaʃɯrmak]
subestimar (vt)	değerini bilmemek	[deerini bilmemek]
tener (vt)	sahip olmak	[sahip olmak]
tener hambre	aç olmak	[atʃ olmak]
tener miedo	korkmak	[korkmak]
tener prisa	acele etmek	[adʒele etmek]
tener sed	susamak	[susamak]
tirar, disparar (vi)	ateş etmek	[ateʃ etmek]
tocar (con las manos)	ellemek	[ellemek]
tomar (vt)	almak	[almak]
tomar nota	not almak	[not almak]
trabajar (vi)	çalışmak	[tʃalɯʃmak]
traducir (vt)	çevirmek	[tʃevirmek]
unir (vt)	birleştirmek	[birleʃtirmek]
vender (vt)	satmak	[satmak]
ver (vt)	görmek	[gørmek]
volar (pájaro, avión)	uçmak	[utʃmak]

23

LA HORA. EL CALENDARIO

17. Los días de la semana

lunes (m)	Pazartesi	[pazartesi]
martes (m)	Salı	[salı]
miércoles (m)	Çarşamba	[tʃarʃamba]
jueves (m)	Perşembe	[perʃembe]
viernes (m)	Cuma	[dʒuma]
sábado (m)	Cumartesi	[dʒumartesi]
domingo (m)	Pazar	[pazar]

hoy (adv)	bugün	[bugyn]
mañana (adv)	yarın	[jarın]
pasado mañana	öbür gün	[øbyr gyn]
ayer (adv)	dün	[dyn]
anteayer (adv)	evvelki gün	[evvelki gyn]

día (m)	gün	[gyn]
día (m) de trabajo	iş günü	[iʃ gyny]
día (m) de fiesta	bayram günü	[bajram gyny]
día (m) de descanso	tatil günü	[tatil gyny]
fin (m) de semana	hafta sonu	[hafta sonu]

todo el día	bütün gün	[bytyn gyn]
al día siguiente	ertesi gün	[ertesi gyn]
dos días atrás	iki gün önce	[iki gyn øndʒe]
en vísperas (adv)	bir gün önce	[bir gyn øndʒe]
diario (adj)	günlük	[gynlyk]
cada día (adv)	her gün	[her gyn]

semana (f)	hafta	[hafta]
semana (f) pasada	geçen hafta	[getʃen hafta]
semana (f) que viene	gelecek hafta	[geldʒek hafta]
semanal (adj)	haftalık	[haftalık]
cada semana (adv)	her hafta	[her hafta]
2 veces por semana	haftada iki kez	[haftada iki kez]
todos los martes	her Salı	[her salı]

18. Las horas. El día y la noche

mañana (f)	sabah	[sabah]
por la mañana	sabahleyin	[sabahlejin]
mediodía (m)	öğle, gün ortası	[ø:le], [gyn ortası]
por la tarde	öğleden sonra	[ø:leden sonra]

noche (f)	akşam	[akʃam]
por la noche	akşamleyin	[akʃamlejin]

T&P Books. Vocabulario Español-Turco - 3000 palabras más usadas

noche (f) (p.ej. 2:00 a.m.)	gece	[gedʒe]
por la noche	geceleyin	[gedʒelejin]
medianoche (f)	gece yarısı	[gedʒe jarısı]
segundo (m)	saniye	[sanije]
minuto (m)	dakika	[dakika]
hora (f)	saat	[saat]
media hora (f)	yarım saat	[jarım saat]
cuarto (m) de hora	çeyrek saat	[tʃejrek saat]
quince minutos	on beş dakika	[on beʃ dakika]
veinticuatro horas	yirmi dört saat	[jirmi dørt saat]
salida (f) del sol	güneşin doğuşu	[gyneʃin douʃu]
amanecer (m)	şafak	[ʃafak]
madrugada (f)	sabah erken	[sabah erken]
puesta (f) del sol	güneş batışı	[gyneʃ batıʃı]
de madrugada	sabahın erken saatlerinde	[sabahın erken saatlerinde]
esta mañana	bu sabah	[bu sabah]
mañana por la mañana	yarın sabah	[jarın sabah]
esta tarde	bu ikindi	[bu ikindi]
por la tarde	öğleden sonra	[ø:leden sonra]
mañana por la tarde	yarın öğleden sonra	[jarın ø:leden sonra]
esta noche (p.ej. 8:00 p.m.)	bu akşam	[bu akʃam]
mañana por la noche	yarın akşam	[jarın akʃam]
a las tres en punto	tam saat üçte	[tam saat ytʃte]
a eso de las cuatro	saat dört civarında	[saat dørt dʒivarında]
para las doce	saat on ikiye kadar	[saat on ikije kadar]
dentro de veinte minutos	yirmi dakika içinde	[jirmi dakika itʃinde]
dentro de una hora	bir saat sonra	[bir saat sonra]
a tiempo (adv)	zamanında	[zamanında]
… menos cuarto	çeyrek kala	[tʃejrek kala]
durante una hora	bir saat içinde	[bir saat itʃinde]
cada quince minutos	her on beş dakikada bir	[her on beʃ dakikada bir]
día y noche	gece gündüz	[gedʒe gyndyz]

19. Los meses. Las estaciones

enero (m)	ocak	[odʒak]
febrero (m)	şubat	[ʃubat]
marzo (m)	mart	[mart]
abril (m)	nisan	[nisan]
mayo (m)	mayıs	[majıs]
junio (m)	haziran	[haziran]
julio (m)	temmuz	[temmuz]
agosto (m)	ağustos	[austos]
septiembre (m)	eylül	[ejlyl]
octubre (m)	ekim	[ekim]

noviembre (m)	kasım	[kasım]
diciembre (m)	aralık	[aralık]
primavera (f)	ilkbahar	[ilkbahar]
en primavera	ilkbaharda	[ilkbaharda]
de primavera (adj)	ilkbahar	[ilkbahar]
verano (m)	yaz	[jaz]
en verano	yazın	[jazın]
de verano (adj)	yaz	[jaz]
otoño (m)	sonbahar	[sonbahar]
en otoño	sonbaharda	[sonbaharda]
de otoño (adj)	sonbahar	[sonbahar]
invierno (m)	kış	[kıʃ]
en invierno	kışın	[kıʃın]
de invierno (adj)	kış, kışlık	[kıʃ], [kıʃlık]
mes (m)	ay	[aj]
este mes	bu ay	[bu aj]
al mes siguiente	gelecek ay	[geledʒek aj]
el mes pasado	geçen ay	[getʃen aj]
hace un mes	bir ay önce	[bir aj øndʒe]
dentro de un mes	bir ay sonra	[bir aj sonra]
dentro de dos meses	iki ay sonra	[iki aj sonra]
todo el mes	tüm ay	[tym aj]
todo un mes	bütün ay	[bytyn aj]
mensual (adj)	aylık	[ajlık]
mensualmente (adv)	ayda bir	[ajda bir]
cada mes	her ay	[her aj]
dos veces por mes	ayda iki kez	[ajda iki kez]
año (m)	yıl, sene	[jıl], [sene]
este año	bu sene, bu yıl	[bu sene], [bu jıl]
el próximo año	gelecek sene	[geledʒek sene]
el año pasado	geçen sene	[getʃen sene]
hace un año	bir yıl önce	[bir jıl øndʒe]
dentro de un año	bir yıl sonra	[bir jıl sonra]
dentro de dos años	iki yıl sonra	[iki jıl sonra]
todo el año	tüm yıl	[tym jıl]
todo un año	bütün yıl	[bytyn jıl]
cada año	her sene	[her sene]
anual (adj)	yıllık	[jıllık]
anualmente (adv)	her yıl	[her jıl]
cuatro veces por año	yılda dört kere	[jılda dørt kere]
fecha (f) (la ~ de hoy es ...)	tarih	[tarih]
fecha (f) (~ de entrega)	tarih	[tarih]
calendario (m)	takvim	[takvim]
medio año (m)	yarım yıl	[jarım jıl]
seis meses	altı ay	[altı aj]

| estación (f) | mevsim | [mevsim] |
| siglo (m) | yüzyıl | [juzjıl] |

EL VIAJE. EL HOTEL

20. Las vacaciones. El viaje

turismo (m)	turizm	[turizm]
turista (m)	turist	[turist]
viaje (m)	seyahat	[sejahat]
aventura (f)	macera	[madʒera]
viaje (m) (p.ej. ~ en coche)	gezi	[gezi]
vacaciones (f pl)	tatil	[tatil]
estar de vacaciones	izinli olmak	[izinli olmak]
descanso (m)	istirahat	[istirahat]
tren (m)	tren	[tren]
en tren	trenle	[trenle]
avión (m)	uçak	[utʃak]
en avión	uçakla	[utʃakla]
en coche	arabayla	[arabajla]
en barco	gemiyle	[gemijle]
equipaje (m)	bagaj	[bagaʒ]
maleta (f)	bavul	[bavul]
carrito (m) de equipaje	bagaj arabası	[bagaʒ arabası]
pasaporte (m)	pasaport	[pasaport]
visado (m)	vize	[vize]
billete (m)	bilet	[bilet]
billete (m) de avión	uçak bileti	[utʃak bileti]
guía (f) (libro)	rehber	[rehber]
mapa (m)	harita	[harita]
área (f) (~ rural)	alan	[alan]
lugar (m)	yer	[jer]
exotismo (m)	egzotik	[ekzotik]
exótico (adj)	egzotik	[ekzotik]
asombroso (adj)	şaşırtıcı, inanılmaz	[ʃaʃırtıdʒı], [inanılmaz]
grupo (m)	grup	[grup]
excursión (f)	gezi turu	[gezi turu]
guía (m) (persona)	rehber	[rehber]

21. El hotel

hotel (m)	otel	[otel]
motel (m)	motel	[motel]
de tres estrellas	üç yıldızlı	[ytʃ jıldızlı]

T&P Books. Vocabulario Español-Turco - 3000 palabras más usadas

| de cinco estrellas | beş yıldızlı | [beʃ jıldızlı] |
| hospedarse (vr) | kalmak | [kalmak] |

habitación (f)	oda	[oda]
habitación (f) individual	tek kişilik oda	[tek kiʃilik oda]
habitación (f) doble	iki kişilik oda	[iki kiʃilik oda]
reservar una habitación	oda ayırtmak	[oda aırtmak]

| media pensión (f) | yarım pansiyon | [jarım pansjon] |
| pensión (f) completa | tam pansiyon | [tam pansjon] |

con baño	banyolu	[banjolu]
con ducha	duşlu	[duʃlu]
televisión (f) satélite	uydu televizyonu	[ujdu televizjonu]
climatizador (m)	klima	[klima]
toalla (f)	havlu	[havlu]
llave (f)	anahtar	[anahtar]

administrador (m)	idareci	[idaredʒi]
camarera (f)	oda hizmetlisi	[oda hizmetlisi]
maletero (m)	komi, belboy	[komi], [belboj]
portero (m)	kapıcı	[kapıdʒı]

restaurante (m)	restoran	[restoran]
bar (m)	bar	[bar]
desayuno (m)	kahvaltı	[kahvaltı]
cena (f)	akşam yemeği	[akʃam jemei]
buffet (m) libre	açık büfe	[atʃık byfe]

| vestíbulo (m) | lobi | [lobi] |
| ascensor (m) | asansör | [asansør] |

| NO MOLESTAR | RAHATSIZ ETMEYİN! | [rahatsız etmejin] |
| PROHIBIDO FUMAR | SİGARA İÇİLMEZ | [sigara itʃilmez] |

22. El turismo. La excursión

monumento (m)	anıt	[anıt]
fortaleza (f)	kale	[kale]
palacio (m)	saray	[saraj]
castillo (m)	şato	[ʃato]
torre (f)	kule	[kule]
mausoleo (m)	anıt mezar, mozole	[anıt mezar], [mozole]

arquitectura (f)	mimarlık	[mimarlık]
medieval (adj)	ortaçağ	[ortatʃaa]
antiguo (adj)	antik, eski	[antik], [eski]
nacional (adj)	milli	[milli]
conocido (adj)	meşhur, ünlü	[meʃhur], [ynly]

turista (m)	turist	[turist]
guía (m) (persona)	rehber	[rehber]
excursión (f)	gezi	[gezi]
mostrar (vt)	göstermek	[gøstermek]

29

contar (una historia)	**anlatmak**	[anlatmak]
encontrar (hallar)	**bulmak**	[bulmak]
perderse (vr)	**kaybolmak**	[kajbolmak]
plano (m) (~ de metro)	**harita**	[harita]
mapa (m) (~ de la ciudad)	**harita, plan**	[harita], [plan]
recuerdo (m)	**hediye**	[hedije]
tienda (f) de regalos	**hediyelik eşya mağazası**	[hedijelik eʃja maazası]
hacer fotos	**fotoğraf çekmek**	[fotoraf tʃekmek]
fotografiarse (vr)	**fotoğraf çektirmek**	[fotoraf tʃektirmek]

EL TRANSPORTE

23. El aeropuerto

aeropuerto (m)	havaalanı	[havaalanı]
avión (m)	uçak	[utʃak]
compañía (f) aérea	hava yolları şirketi	[hava jolları ʃirketi]
controlador (m) aéreo	hava trafik kontrolörü	[hava trafik kontroløry]
despegue (m)	kalkış	[kalkıʃ]
llegada (f)	varış	[varıʃ]
llegar (en avión)	varmak	[varmak]
hora (f) de salida	kalkış saati	[kalkıʃ saati]
hora (f) de llegada	iniş saati	[iniʃ saati]
retrasarse (vr)	gecikmek	[gedʒikmek]
retraso (m) de vuelo	gecikme	[gedʒikme]
pantalla (f) de información	bilgi panosu	[bilgi panosu]
información (f)	danışma	[danıʃma]
anunciar (vt)	duyurmak	[dujurmak]
vuelo (m)	uçuş	[utʃuʃ]
aduana (f)	gümrük	[gymryk]
aduanero (m)	gümrükçü	[gymryktʃu]
declaración (f) de aduana	gümrük beyannamesi	[gymryk bejannamesi]
rellenar (vt)	doldurmak	[doldurmak]
rellenar la declaración	beyanname doldurmak	[bejanname doldurmak]
control (m) de pasaportes	pasaport kontrol	[pasaport kontrol]
equipaje (m)	bagaj	[baga3]
equipaje (m) de mano	el bagajı	[el baga3ı]
carrito (m) de equipaje	bagaj arabası	[baga3 arabası]
aterrizaje (m)	iniş	[iniʃ]
pista (f) de aterrizaje	iniş pisti	[iniʃ pisti]
aterrizar (vi)	inmek	[inmek]
escaleras (f pl) (de avión)	uçak merdiveni	[utʃak merdiveni]
facturación (f) (check-in)	check-in	[tʃek in]
mostrador (m) de facturación	check-in kontuarı	[tʃek-in kontuarı]
hacer el check-in	check-in yapmak	[tʃek in japmak]
tarjeta (f) de embarque	biniş kartı	[biniʃ kartı]
puerta (f) de embarque	çıkış kapısı	[tʃıkıʃ kapısı]
tránsito (m)	transit	[transit]
esperar (aguardar)	beklemek	[beklemek]
zona (f) de preembarque	bekleme salonu	[bekleme salonu]

31

| despedir (vt) | yolcu etmek | [joldʒu etmek] |
| despedirse (vr) | vedalaşmak | [vedalaʃmak] |

24. El avión

avión (m)	uçak	[utʃak]
billete (m) de avión	uçak bileti	[utʃak bileti]
compañía (f) aérea	hava yolları şirketi	[hava jolları ʃirketi]
aeropuerto (m)	havaalanı	[havaalanı]
supersónico (adj)	sesüstü	[sesysty]

comandante (m)	kaptan pilot	[kaptan pilot]
tripulación (f)	ekip	[ekip]
piloto (m)	pilot	[pilot]
azafata (f)	hostes	[hostes]
navegador (m)	seyrüseferci	[sejryseferdʒi]

alas (f pl)	kanatlar	[kanatlar]
cola (f)	kuyruk	[kujruk]
cabina (f)	kabin	[kabin]
motor (m)	motor	[motor]
tren (m) de aterrizaje	iniş takımı	[iniʃ takımı]
turbina (f)	türbin	[tyrbin]
hélice (f)	pervane	[pervane]
caja (f) negra	kara kutu	[kara kutu]
timón (m)	kumanda kolu	[kumanda kolu]
combustible (m)	yakıt	[jakıt]

instructivo (m) de seguridad	güvenlik kartı	[gyvenlik kartı]
respirador (m) de oxígeno	oksijen maskesi	[oksiʒen maskesi]
uniforme (m)	üniforma	[yniforma]
chaleco (m) salvavidas	can yeleği	[dʒan jelei]
paracaídas (m)	paraşüt	[paraʃyt]
despegue (m)	havalanma	[havalanma]
despegar (vi)	havalanmak	[havalanmak]
pista (f) de despegue	kalkış pisti	[kalkıʃ pisti]

visibilidad (f)	görüş mesafesi	[gøryʃ mesafesi]
vuelo (m)	uçuş	[utʃuʃ]
altura (f)	yükseklik	[jukseklik]
pozo (m) de aire	hava boşluğu	[hava boʃluu]

asiento (m)	yer	[jer]
auriculares (m pl)	kulaklık	[kulaklık]
mesita (f) plegable	katlanır tepsi	[katlanır tepsi]
ventana (f)	pencere	[pendʒere]
pasillo (m)	koridor	[koridor]

25. El tren

| tren (m) | tren | [tren] |
| tren (m) de cercanías | banliyö treni | [banlijø treni] |

tren (m) rápido	hızlı tren	[hızlı tren]
locomotora (f) diésel	dizel lokomotif	[dizel lokomotif]
tren (m) de vapor	buharlı lokomotif	[buharlı lokomotif]

| coche (m) | vagon | [vagon] |
| coche (m) restaurante | yemekli vagon | [jemekli vagon] |

rieles (m pl)	raylar	[rajlar]
ferrocarril (m)	demir yolu	[demir jolu]
traviesa (f)	travers	[travers]

plataforma (f)	peron	[peron]
vía (f)	hat	[hat]
semáforo (m)	semafor	[semafor]
estación (f)	istasyon	[istasjon]

maquinista (m)	makinist	[makinist]
maletero (m)	hamal	[hamal]
mozo (m) del vagón	tren hostesi	[tren hostesi]
pasajero (m)	yolcu	[joldʒu]
revisor (m)	kondüktör	[kondyktør]

corredor (m)	koridor	[koridor]
freno (m) de urgencia	imdat freni	[imdat freni]
compartimiento (m)	kompartıman	[kompartıman]
litera (f)	kuşet	[kuʃet]
litera (f) de arriba	üst kuşet	[yst kuʃet]
litera (f) de abajo	alt kuşet	[alt kuʃet]
ropa (f) de cama	yatak takımı	[jatak takımı]

billete (m)	bilet	[bilet]
horario (m)	tarife	[tarife]
pantalla (f) de información	sefer tarifesi	[sefer tarifesi]

partir (vi)	kalkmak	[kalkmak]
partida (f) (del tren)	kalkış	[kalkıʃ]
llegar (tren)	varmak	[varmak]
llegada (f)	varış	[varıʃ]

llegar en tren	trenle gelmek	[trenle gelmek]
tomar el tren	trene binmek	[trene binmek]
bajar del tren	trenden inmek	[trenden inmek]

descarrilamiento (m)	tren enkazı	[tren enkazı]
descarrilarse (vr)	raydan çıkmak	[rajdan tʃıkmak]
tren (m) de vapor	buharlı lokomotif	[buharlı lokomotif]
fogonero (m)	ocakçı	[odʒaktʃı]
hogar (m)	ocak	[odʒak]
carbón (m)	kömür	[kømyr]

26. El barco

| barco, buque (m) | gemi | [gemi] |
| navío (m) | tekne | [tekne] |

buque (m) de vapor	vapur	[vapur]
motonave (f)	nehir teknesi	[nehir teknesi]
trasatlántico (m)	yolcu gemisi	[joldʒu gemisi]
crucero (m)	kruvazör	[kruvazør]

yate (m)	yat	[jat]
remolcador (m)	römorkör	[rømorkør]
barcaza (f)	mavna	[mavna]
ferry (m)	feribot	[feribot]

velero (m)	yelkenli gemi	[jelkenli gemi]
bergantín (m)	brigantin	[brigantin]

rompehielos (m)	buzkıran	[buzkıran]
submarino (m)	denizaltı	[denizaltı]

bote (m) de remo	kayık	[kajık]
bote (m)	filika	[filika]
bote (m) salvavidas	cankurtaran filikası	[dʒankurtaran filikası]
lancha (f) motora	sürat teknesi	[syrat teknesi]

capitán (m)	kaptan	[kaptan]
marinero (m)	tayfa	[tajfa]
marino (m)	denizci	[denizdʒi]
tripulación (f)	mürettebat	[myrettebat]

contramaestre (m)	lostromo	[lostromo]
grumete (m)	miço	[mitʃo]
cocinero (m) de abordo	gemi aşçısı	[gemi aʃtʃısı]
médico (m) del buque	gemi doktoru	[gemi doktoru]

cubierta (f)	güverte	[gyverte]
mástil (m)	direk	[direk]
vela (f)	yelken	[jelken]

bodega (f)	ambar	[ambar]
proa (f)	geminin baş tarafı	[geminin baʃ tarafı]
popa (f)	kıç	[kıtʃ]
remo (m)	kürek	[kyrek]
hélice (f)	pervane	[pervane]

camarote (m)	kamara	[kamara]
sala (f) de oficiales	subay yemek salonu	[subaj jemek salonu]
sala (f) de máquinas	makine dairesi	[makine dairesi]
puente (m) de mando	kaptan köşkü	[kaptan køʃky]
sala (f) de radio	telsiz odası	[telsiz odası]
onda (f)	dalga	[dalga]
cuaderno (m) de bitácora	gemi jurnali	[gemi ʒurnalı]

anteojo (m)	tek dürbün	[tek dyrbyn]
campana (f)	çan	[tʃan]
bandera (f)	bayrak	[bajrak]

cabo (m) (maroma)	halat	[halat]
nudo (m)	düğüm	[dyjum]
pasamano (m)	vardavela	[vardavela]

T&P Books. Vocabulario Español-Turco - 3000 palabras más usadas

pasarela (f)	lombar ağzı	[lombar aazı]
ancla (f)	çapa, demir	[tʃapa], [demir]
levar ancla	demir almak	[demir almak]
echar ancla	demir atmak	[demir atmak]
cadena (f) del ancla	çapa zinciri	[tʃapa zindʒiri]
puerto (m)	liman	[liman]
embarcadero (m)	iskele, rıhtım	[iskele], [rıhtım]
amarrar (vt)	yanaşmak	[janaʃmak]
desamarrar (vt)	iskeleden ayrılmak	[iskeleden ajrılmak]
viaje (m)	seyahat	[sejahat]
crucero (m) (viaje)	gemi turu	[gemi turu]
derrota (f) (rumbo)	rota	[rota]
itinerario (m)	rota	[rota]
canal (m) navegable	güvenli geçiş koridoru	[gyvenli getʃiʃ koridoru]
bajío (m)	sığlık	[sıılık]
encallar (vi)	karaya oturmak	[karaja oturmak]
tempestad (f)	fırtına	[fırtına]
señal (f)	sinyal	[sinjal]
hundirse (vr)	batmak	[batmak]
¡Hombre al agua!	Denize adam düştü!	[denize adam dyʃty]
SOS	SOS	[es o es]
aro (m) salvavidas	can simidi	[dʒan simidi]

35

LA CIUDAD

27. El transporte urbano

autobús (m)	otobüs	[otobys]
tranvía (m)	tramvay	[tramvaj]
trolebús (m)	troleybüs	[trolejbys]
itinerario (m)	rota	[rota]
número (m)	numara	[numara]

ir en ...	... gitmek	[gitmek]
tomar (~ el autobús)	... binmek	[binmek]
bajar (~ del tren)	... inmek	[inmek]

parada (f)	durak	[durak]
próxima parada (f)	sonraki durak	[sonraki durak]
parada (f) final	son durak	[son durak]
horario (m)	tarife	[tarife]
esperar (aguardar)	beklemek	[beklemek]

billete (m)	bilet	[bilet]
precio (m) del billete	bilet fiyatı	[bilet fijatı]

cajero (m)	kasiyer	[kasijer]
control (m) de billetes	bilet kontrolü	[bilet kontroly]
revisor (m)	kondüktör	[kondyktør]

llegar tarde (vi)	gecikmek	[gedʒikmek]
perder (~ el tren)	kaçırmak	[katʃırmak]
tener prisa	acele etmek	[adʒele etmek]

taxi (m)	taksi	[taksi]
taxista (m)	taksici	[taksidʒi]
en taxi	taksiyle	[taksijle]
parada (f) de taxi	taksi durağı	[taksi duraı]
llamar un taxi	taksi çağırmak	[taksi tʃaırmak]
tomar un taxi	taksi tutmak	[taksi tutmak]

tráfico (m)	trafik	[trafik]
atasco (m)	trafik sıkışıklığı	[trafik sıkıʃıklıı]
horas (f pl) de punta	işe gidiş-geliş saati	[iʃe gidiʃ-geliʃ saati]
aparcar (vi)	park etmek	[park etmek]
aparcar (vt)	park etmek	[park etmek]
aparcamiento (m)	park yeri	[park jeri]

metro (m)	metro	[metro]
estación (f)	istasyon	[istasjon]
ir en el metro	metroya binmek	[metroja binmek]
tren (m)	tren	[tren]
estación (f)	tren istasyonu	[tren istasjonu]

28. La ciudad. La vida en la ciudad

ciudad (f)	kent, şehir	[kent], [ʃehir]
capital (f)	başkent	[baʃkent]
aldea (f)	köy	[køj]

plano (m) de la ciudad	şehir haritası	[ʃehir haritası]
centro (m) de la ciudad	şehir merkezi	[ʃehir merkezi]
suburbio (m)	varoş	[varoʃ]
suburbano (adj)	banliyö	[banljø]

arrabal (m)	kenar mahalleler	[kenar mahalleler]
afueras (f pl)	çevre	[ʧevre]
barrio (m)	mahalle	[mahale]
zona (f) de viviendas	yerleşim bölgesi	[jerleʃim bølgesi]

tráfico (m)	trafik	[trafik]
semáforo (m)	trafik ışıkları	[trafik ıʃıkları]
transporte (m) urbano	toplu taşıma	[toplu taʃıma]
cruce (m)	kavşak	[kavʃak]

paso (m) de peatones	yaya geçidi	[jaja geʧidi]
paso (m) subterráneo	yeraltı geçidi	[jeraltı geʧidi]
cruzar (vt)	karşıya geçmek	[karʃıja geʧmek]
peatón (m)	yaya	[jaja]
acera (f)	yaya kaldırımı	[jaja kaldırımı]

puente (m)	köprü	[køpry]
muelle (m)	bent, set	[bent], [set]
fuente (f)	çeşme	[ʧeʃme]

alameda (f)	park yolu	[park jolu]
parque (m)	park	[park]
bulevar (m)	bulvar	[bulvar]
plaza (f)	meydan	[mejdan]
avenida (f)	geniş cadde	[geniʃ dʒadde]
calle (f)	sokak, cadde	[sokak], [dʒadde]
callejón (m)	ara sokak	[ara sokak]
callejón (m) sin salida	çıkmaz sokak	[ʧıkmaz sokak]

casa (f)	ev	[ev]
edificio (m)	bina	[bina]
rascacielos (m)	gökdelen	[gøkdelen]

fachada (f)	cephe	[dʒephe]
techo (m)	çatı	[ʧatı]
ventana (f)	pencere	[pendʒere]
arco (m)	kemer	[kemer]
columna (f)	sütün	[sytyn]
esquina (f)	köşe	[køʃe]

escaparate (f)	vitrin	[vitrin]
letrero (m) (~ luminoso)	tabela	[tabela]
cartel (m)	afiş	[afiʃ]
cartel (m) publicitario	reklam posteri	[reklam posteri]

T&P Books. Vocabulario Español-Turco - 3000 palabras más usadas

valla (f) publicitaria	reklam panosu	[reklam panosu]
basura (f)	çöp, atık	[tʃøp], [atık]
cajón (m) de basura	çöp kutusu	[tʃøp kutusu]
tirar basura	çevreyi kirletmek	[tʃevreji kirletmek]
basurero (m)	çöplük	[tʃøplyk]

cabina (f) telefónica	telefon kulübesi	[telefon kylybesi]
farola (f)	lamba direği	[lamba direi]
banco (m) (del parque)	bank	[bank]

policía (m)	polis memuru	[polis memuru]
policía (f) (~ nacional)	polis	[polis]
mendigo (m)	dilenci	[dilendʒi]
persona (f) sin hogar	sokakta yaşayan kişi	[sokakta jaʃajan kiʃi]

29. Las instituciones urbanas

tienda (f)	mağaza	[maaza]
farmacia (f)	eczane	[edʒzane]
óptica (f)	gözlükçü, optik	[gøzlyktʃy], [optik]
centro (m) comercial	alışveriş merkezi	[alıʃveriʃ merkezi]
supermercado (m)	süpermarket	[sypermarket]

panadería (f)	fırın	[fırın]
panadero (m)	fırıncı	[fırındʒı]
pastelería (f)	pastane	[pastane]
tienda (f) de comestibles	bakkaliye	[bakkalije]
carnicería (f)	kasap dükkanı	[kasap dykkanı]

| verdulería (f) | manav | [manav] |
| mercado (m) | çarşı, pazar | [tʃarʃı], [pazar] |

cafetería (f)	kahvehane	[kahvehane]
restaurante (m)	restoran	[restoran]
cervecería (f)	birahane	[birahane]
pizzería (f)	pizzacı	[pizadʒı]

peluquería (f)	kuaför salonu	[kuafør salonu]
oficina (f) de correos	postane	[postane]
tintorería (f)	kuru temizleme	[kuru temizleme]
estudio (m) fotográfico	fotoğraf stüdyosu	[fotoraf stydjosu]

zapatería (f)	ayakkabı mağazası	[ajakkabı maazası]
librería (f)	kitabevi	[kitabevi]
tienda (f) deportiva	spor mağazası	[spor maazası]

arreglos (m pl) de ropa	giysi onarım dükkanı	[gijsi onarım dykkanı]
alquiler (m) de ropa	giysi kiralama dükkanı	[gijsi kiralama dykkanı]
videoclub (m)	film kiralama mağazası	[film kiralama maazası]

circo (m)	sirk	[sirk]
zoológico (m)	hayvanat bahçesi	[hajvanat bahtʃesi]
cine (m)	sinema	[sinema]
museo (m)	müze	[myze]

biblioteca (f)	kütüphane	[kytyphane]
teatro (m)	tiyatro	[tijatro]
ópera (f)	opera	[opera]
club (m) nocturno	gece kulübü	[gedʒe kulyby]
casino (m)	kumarhane	[kumarhane]
mezquita (f)	cami	[dʒami]
sinagoga (f)	sinagog	[sinagog]
catedral (f)	katedral	[katedral]
templo (m)	tapınak	[tapınak]
iglesia (f)	kilise	[kilise]
instituto (m)	yüksekokul, üniversite	[juksekokul], [yniversite]
universidad (f)	üniversite	[yniversite]
escuela (f)	okul	[okul]
prefectura (f)	valilik	[valilik]
alcaldía (f)	belediye binası	[beledije binası]
hotel (m)	otel	[otel]
banco (m)	banka	[banka]
embajada (f)	elçilik	[eltʃilik]
agencia (f) de viajes	seyahat acentesi	[sejahat adʒentesi]
oficina (f) de información	danışma bürosu	[danıʃma byrosu]
oficina (f) de cambio	döviz bürosu	[døviz byrosu]
metro (m)	metro	[metro]
hospital (m)	hastane	[hastane]
gasolinera (f)	benzin istasyonu	[benzin istasjonu]
aparcamiento (m)	park yeri	[park jeri]

30. Los avisos

letrero (m) (~ luminoso)	tabela	[tabela]
cartel (m) (texto escrito)	uyarı yazısı	[ujarı jazısı]
pancarta (f)	poster, afiş	[poster], [afiʃ]
señal (m) de dirección	yön tabelası	[jøn tabelası]
flecha (f) (signo)	ok işareti	[ok iʃareti]
advertencia (f)	ikaz, uyarı	[ikaz], [ujarı]
aviso (m)	uyarı işareti	[ujarı iʃareti]
advertir (vt)	uyarmak	[ujarmak]
día (m) de descanso	tatil günü	[tatil gyny]
horario (m)	tarife	[tarife]
horario (m) de apertura	çalışma saatleri	[tʃalıʃma saatleri]
¡BIENVENIDOS!	HOŞ GELDİNİZ	[hoʃ geldiniz]
ENTRADA	GİRİŞ	[giriʃ]
SALIDA	ÇIKIŞ	[tʃıkıʃ]
EMPUJAR	İTİNİZ	[itiniz]
TIRAR	ÇEKİNİZ	[tʃekiniz]

| ABIERTO | AÇIK | [atʃık] |
| CERRADO | KAPALI | [kapalı] |

| MUJERES | BAYAN | [bajan] |
| HOMBRES | BAY | [baj] |

REBAJAS	İNDİRİM	[indirim]
SALDOS	UCUZLUK	[udʒuzluk]
NOVEDAD	YENİ	[jeni]
GRATIS	BEDAVA	[bedava]

¡ATENCIÓN!	DİKKAT!	[dikkat]
COMPLETO	BOŞ YER YOK	[boʃ jer jok]
RESERVADO	REZERVE	[rezerve]

ADMINISTRACIÓN	MÜDÜRİYET	[mydyrijet]
SÓLO PERSONAL	PERSONEL HARİCİ	[personel haridʒi
AUTORIZADO	GİREMEZ	giremez]

CUIDADO CON EL PERRO	DİKKAT KÖPEK VAR	[dikkat køpek var]
PROHIBIDO FUMAR	SİGARA İÇİLMEZ	[sigara itʃilmez]
NO TOCAR	DOKUNMAK YASAKTIR	[dokunmak jasaktır]

PELIGROSO	TEHLİKELİ	[tehlikeli]
PELIGRO	TEHLİKE	[tehlike]
ALTA TENSIÓN	YÜKSEK GERİLİM	[juksek gerilim]
PROHIBIDO BAÑARSE	SUYA GİRMEK YASAKTIR	[suja girmek jasaktır]
NO FUNCIONA	HİZMET DIŞI	[hizmet dıʃı]

INFLAMABLE	YANICI MADDE	[janidʒi madde]
PROHIBIDO	YASAKTIR	[jasaktır]
PROHIBIDO EL PASO	GİRMEK YASAKTIR	[girmek jasaktır]
RECIÉN PINTADO	DİKKAT ISLAK BOYA	[dikkat ıslak boja]

31. Las compras

comprar (vt)	satın almak	[satın almak]
compra (f)	alım	[alım]
hacer compras	alışverişe gitmek	[alıʃveriʃe gitmek]
compras (f pl)	alışveriş	[alıʃveriʃ]

| estar abierto (tienda) | çalışmak | [tʃalıʃmak] |
| estar cerrado | kapanmak | [kapanmak] |

calzado (m)	ayakkabı	[ajakkabı]
ropa (f)	elbise	[elbise]
cosméticos (m pl)	kozmetik	[kozmetik]
productos alimenticios	gıda ürünleri	[gıda jurynleri]
regalo (m)	hediye	[hedije]

vendedor (m)	satıcı	[satıdʒı]
vendedora (f)	satıcı kadın	[satıdʒı kadın]
caja (f)	kasa	[kasa]
espejo (m)	ayna	[ajna]

mostrador (m)	tezgâh	[tezgjah]
probador (m)	deneme kabini	[deneme kabini]
probar (un vestido)	prova yapmak	[prova japmak]
quedar (una ropa, etc.)	uymak	[ujmak]
gustar (vi)	hoşlanmak	[hoʃlanmak]
precio (m)	fiyat	[fijat]
etiqueta (f) de precio	fiyat etiketi	[fijat etiketleri]
costar (vt)	değerinde olmak	[deerinde olmak]
¿Cuánto?	Ne kadar?	[ne kadar]
descuento (m)	indirim	[indirim]
no costoso (adj)	ucuz, masrafsız	[udʒuz], [masrafsız]
barato (adj)	ucuz	[udʒuz]
caro (adj)	pahalı	[pahalı]
Es caro	bu pahalıdır	[bu pahalıdır]
alquiler (m)	kiralama	[kiralama]
alquilar (vt)	kiralamak	[kiralamak]
crédito (m)	kredi	[kredi]
a crédito (adv)	krediyle	[kredijle]

LA ROPA Y LOS ACCESORIOS

32. La ropa exterior. Los abrigos

ropa (f)	giysi	[gijsi]
ropa (f) de calle	dış giyim	[dıʃ gijim]
ropa (f) de invierno	kışlık kıyafet	[kıʃlık kıjafet]
abrigo (m)	palto	[palto]
abrigo (m) de piel	kürk manto	[kyrk manto]
abrigo (m) corto de piel	kürk ceket	[kyrk dʒeket]
chaqueta (f) plumón	anorak kaban, parka	[anorak kaban], [parka]
cazadora (f)	ceket	[dʒeket]
impermeable (m)	yağmurluk	[jaamurluk]
impermeable (adj)	su geçirmez	[su getʃirmez]

33. Ropa de hombre y mujer

camisa (f)	gömlek	[gømlek]
pantalones (m pl)	pantolon	[pantolon]
jeans, vaqueros (m pl)	kot pantolon	[kot pantolon]
chaqueta (f), saco (m)	takım elbise ceketi	[takım elbise dʒeketi]
traje (m)	takım elbise	[takım elbise]
vestido (m)	kadın elbisesi	[kadın elbisesi]
falda (f)	etek	[etek]
blusa (f)	gömlek, bluz	[gømlek], [bluz]
rebeca (f), chaqueta (f) de punto	hırka	[hırka]
chaqueta (f)	kadın ceketi	[kadın dʒeketi]
camiseta (f) (T-shirt)	tişört	[tiʃørt]
pantalones (m pl) cortos	şort	[ʃort]
traje (m) deportivo	eşofman	[eʃofman]
bata (f) de baño	bornoz	[bornoz]
pijama (m)	pijama	[piʒama]
suéter (m)	süveter	[syveter]
pulóver (m)	pulover	[pulover]
chaleco (m)	yelek	[jelek]
frac (m)	frak	[frak]
esmoquin (m)	smokin	[smokin]
uniforme (m)	üniforma	[yniforma]
ropa (f) de trabajo	iş elbisesi	[iʃ elbisesi]
mono (m)	tulum	[tulum]
bata (f) (p. ej. ~ blanca)	önlük	[ønlyk]

34. La ropa. La ropa interior

ropa (f) interior	iç çamaşırı	[itʃ tʃamaʃırı]
bóxer (m)	şort külot	[ʃort kylot]
bragas (f pl)	bayan külot	[bajan kylot]
camiseta (f) interior	atlet	[atlet]
calcetines (m pl)	kısa çorap	[kısa tʃorap]
camisón (m)	gecelik	[gedʒelik]
sostén (m)	sütyen	[sytjen]
calcetines (m pl) altos	diz hizası çorap	[diz hizası tʃorap]
pantimedias (f pl)	külotlu çorap	[kyløtly tʃorap]
medias (f pl)	diz altı çorap	[diz altı tʃorap]
traje (m) de baño	mayo	[majo]

35. Gorras

gorro (m)	şapka	[ʃapka]
sombrero (m) de fieltro	fötr şapka	[føtr ʃapka]
gorra (f) de béisbol	beyzbol şapkası	[bejzbol ʃapkası]
gorra (f) plana	kasket	[kasket]
boina (f)	bere	[bere]
capuchón (m)	kapüşon	[kapyʃon]
panamá (m)	panama şapka	[panama ʃapka]
gorro (m) de punto	örgü şapka	[ørgy ʃapka]
pañuelo (m)	başörtüsü	[baʃ ørtysy]
sombrero (m) de mujer	kadın şapkası	[kadın ʃapkası]
casco (m) (~ protector)	baret	[baret]
gorro (m) de campaña	talim kepi	[talim kepi]
casco (m) (~ de moto)	kask	[kask]
bombín (m)	melon şapka	[melon ʃapka]
sombrero (m) de copa	silindir şapka	[silindir ʃapka]

36. El calzado

calzado (m)	ayakkabı	[ajakkabı]
botas (f pl)	potin	[potin]
zapatos (m pl) (~ de tacón bajo)	kadın ayakkabısı	[kadın ajakkabısı]
botas (f pl) altas	çizmeler	[tʃizmeler]
zapatillas (f pl)	terlik	[terlik]
tenis (m pl)	tenis ayakkabısı	[tenis ajakkabısı]
zapatillas (f pl) de lona	spor ayakkabısı	[spor ajakkabısı]
sandalias (f pl)	sandalet	[sandalet]
zapatero (m)	ayakkabı tamircisi	[ajakkabı tamirdʒisi]
tacón (m)	topuk	[topuk]

T&P Books. Vocabulario Español-Turco - 3000 palabras más usadas

par (m)	bir çift ayakkabı	[bir tʃift ajakkabı]
cordón (m)	ayakkabı bağı, bağcık	[ajakkabı baaı], [baadʒık]
encordonar (vt)	bağlamak	[baalamak]
calzador (m)	ayakkabı çekeceği	[ajakkabı tʃekedʒei]
betún (m)	ayakkabı boyası	[ajakkabı bojası]

37. Accesorios personales

guantes (m pl)	eldiven	[eldiven]
manoplas (f pl)	tek parmaklı eldiven	[tek parmaklı eldiven]
bufanda (f)	atkı	[atkı]

gafas (f pl)	gözlük	[gøzlyk]
montura (f)	çerçeve	[tʃertʃeve]
paraguas (m)	şemsiye	[ʃemsije]
bastón (m)	baston	[baston]
cepillo (m) de pelo	saç fırçası	[satʃ firtʃası]
abanico (m)	yelpaze	[jelpaze]

corbata (f)	kravat	[kravat]
pajarita (f)	papyon	[papjon]
tirantes (m pl)	pantolon askısı	[pantolon askısı]
moquero (m)	mendil	[mendil]

peine (m)	tarak	[tarak]
pasador (m) de pelo	toka	[toka]
horquilla (f)	firkete	[firkete]
hebilla (f)	kemer tokası	[kemer tokası]

| cinturón (m) | kemer | [kemer] |
| correa (f) (de bolso) | omuz askısı | [omuz askısı] |

bolsa (f)	çanta	[tʃanta]
bolso (m)	bayan çantası	[bajan tʃantası]
mochila (f)	sırt çantası	[sırt tʃantası]

38. La ropa. Miscelánea

moda (f)	moda	[moda]
de moda (adj)	modaya uygun	[modaja ujgun]
diseñador (m) de moda	moda tasarımcısı	[moda tasarımdʒısı]

cuello (m)	yaka	[jaka]
bolsillo (m)	cep	[dʒep]
de bolsillo (adj)	cep	[dʒep]
manga (f)	kol	[kol]
presilla (f)	asma halkası	[asma halkası]
bragueta (f)	pantolon fermuarı	[pantolon fermuarı]

cremallera (f)	fermuar	[fermuar]
cierre (m)	kopça	[koptʃa]
botón (m)	düğme	[dyjme]

ojal (m)	düğme iliği	[dyjme ilii]
saltar (un botón)	kopmak	[kopmak]
coser (vi, vt)	dikmek	[dikmek]
bordar (vt)	nakış işlemek	[nakıʃ iʃlemek]
bordado (m)	nakış	[nakıʃ]
aguja (f)	iğne	[iine]
hilo (m)	iplik	[iplik]
costura (f)	dikiş	[dikiʃ]
ensuciarse (vr)	kirlenmek	[kirlenmek]
mancha (f)	leke	[leke]
arrugarse (vr)	buruşmak	[buruʃmak]
rasgar (vt)	yırtmak	[jırtmak]
polilla (f)	güve	[gyve]

39. Productos personales. Cosméticos

pasta (f) de dientes	diş macunu	[diʃ madʒunu]
cepillo (m) de dientes	diş fırçası	[diʃ fırtʃası]
limpiarse los dientes	dişlerini fırçalamak	[diʃlerini fırtʃalamak]
maquinilla (f) de afeitar	jilet	[ʒilet]
crema (f) de afeitar	tıraş kremi	[tıraʃ kremi]
afeitarse (vr)	tıraş olmak	[tıraʃ olmak]
jabón (m)	sabun	[sabun]
champú (m)	şampuan	[ʃampuan]
tijeras (f pl)	makas	[makas]
lima (f) de uñas	tırnak törpüsü	[tırnak tørpysy]
cortaúñas (m pl)	tırnak makası	[tırnak makası]
pinzas (f pl)	cımbız	[dʒımbız]
cosméticos (m pl)	kozmetik	[kozmetik]
mascarilla (f)	yüz maskesi	[juz maskesi]
manicura (f)	manikür	[manikyr]
hacer la manicura	manikür yapmak	[manikyr japmak]
pedicura (f)	pedikür	[pedikyr]
bolsa (f) de maquillaje	makyaj çantası	[makjaʒ tʃantası]
polvos (m pl)	yüz pudrası	[juz pudrası]
polvera (f)	pudralık	[pudralık]
colorete (m), rubor (m)	allık	[allık]
perfume (m)	parfüm	[parfym]
agua (f) de tocador	hafif parfüm	[hafif parfym]
loción (f)	losyon	[losjon]
agua (f) de Colonia	parfüm	[parfym]
sombra (f) de ojos	far	[far]
lápiz (m) de ojos	göz kalemi	[gøz kalemi]
rímel (m)	rimel	[rimel]
pintalabios (m)	ruj	[ruʒ]

esmalte (m) de uñas	oje	[oʒe]
fijador (m) para el pelo	saç spreyi	[satʃ spreji]
desodorante (m)	deodorant	[deodorant]

crema (f)	krem	[krem]
crema (f) de belleza	yüz kremi	[juz kremi]
crema (f) de manos	el kremi	[el kremi]
crema (f) antiarrugas	kırışıklık giderici krem	[kırıʃıklık gideridʒi krem]
crema (f) de día	gündüz kremi	[gyndyz krem]
crema (f) de noche	gece kremi	[gedʒe kremi]
de día (adj)	gündüz	[gyndyz]
de noche (adj)	gece	[gedʒe]

tampón (m)	tampon	[tampon]
papel (m) higiénico	tuvalet kağıdı	[tuvalet kaıdı]
secador (m) de pelo	saç kurutma makinesi	[satʃ kurutma makinesi]

40. Los relojes

reloj (m)	kol saati	[kol saati]
esfera (f)	kadran	[kadran]
aguja (f)	akrep, yelkovan	[akrep], [jelkovan]
pulsera (f)	metal kordon	[metal kordon]
correa (f) (del reloj)	saat kayışı	[saat kajıʃı]

pila (f)	pil	[pil]
descargarse (vr)	bitmek	[bitmek]
cambiar la pila	pil değiştirmek	[pil deiʃtirmek]
adelantarse (vr)	ileride olmak	[ileride olmak]
retrasarse (vr)	geride kalmak	[geride kalmak]

reloj (m) de pared	duvar saati	[duvar saati]
reloj (m) de arena	kum saati	[kum saati]
reloj (m) de sol	güneş saati	[gyneʃ saati]
despertador (m)	çalar saat	[tʃalar saat]
relojero (m)	saatçi	[saatʃi]
reparar (vt)	tamir etmek	[tamir etmek]

LA EXPERIENCIA DIARIA

41. El dinero

dinero (m)	para	[para]
cambio (m)	kambiyo	[kambijo]
curso (m)	kur	[kur]
cajero (m) automático	bankamatik	[bankamatik]
moneda (f)	bozuk para	[bozuk para]
dólar (m)	dolar	[dolar]
euro (m)	avro	[avro]
lira (f)	liret	[liret]
marco (m) alemán	Alman markı	[alman markı]
franco (m)	frank	[frank]
libra esterlina (f)	İngiliz sterlini	[ingiliz sterlini]
yen (m)	yen	[jen]
deuda (f)	borç	[bortʃ]
deudor (m)	borçlu	[bortʃlu]
prestar (vt)	borç vermek	[bortʃ vermek]
tomar prestado	borç almak	[bortʃ almak]
banco (m)	banka	[banka]
cuenta (f)	hesap	[hesap]
ingresar (~ en la cuenta)	para yatırmak	[para jatırmak]
ingresar en la cuenta	hesaba para yatırmak	[hesaba para jatırmak]
sacar de la cuenta	hesaptan çekmek	[hesaptan tʃekmek]
tarjeta (f) de crédito	kredi kartı	[kredi kartı]
dinero (m) en efectivo	nakit para	[nakit para]
cheque (m)	çek	[tʃek]
sacar un cheque	çek yazmak	[tʃek jazmak]
talonario (m)	çek defteri	[tʃek defteri]
cartera (f)	cüzdan	[dʒyzdan]
monedero (m)	bozuk para cüzdanı	[bozuk para dʒyzdanı]
caja (f) fuerte	para kasası	[para kasası]
heredero (m)	mirasçı	[mirastʃı]
herencia (f)	miras	[miras]
fortuna (f)	servet, varlık	[servet], [varlık]
arriendo (m)	kiralama	[kiralama]
alquiler (m) (dinero)	kira	[kira]
alquilar (~ una casa)	kiralamak	[kiralamak]
precio (m)	fiyat	[fijat]
coste (m)	maliyet	[malijet]

47

T&P Books. Vocabulario Español-Turco - 3000 palabras más usadas

suma (f)	toplam	[toplam]
gastar (vt)	harcamak	[hardʒamak]
gastos (m pl)	masraflar	[masraflar]
economizar (vi, vt)	idareli kullanmak	[idareli kullanmak]
económico (adj)	hesaplı, ekonomik	[hesaplı], [ekonomik]

pagar (vi, vt)	ödemek	[ødemek]
pago (m)	ödeme	[ødeme]
cambio (m) (devolver el ~)	para üstü	[para justy]

impuesto (m)	vergi	[vergi]
multa (f)	ceza	[dʒeza]
multar (vt)	ceza kesmek	[dʒeza kesmek]

42. La oficina de correos

oficina (f) de correos	postane	[postane]
correo (m) (cartas, etc.)	posta	[posta]
cartero (m)	postacı	[postadʒı]
horario (m) de apertura	çalışma saatleri	[tʃalıʃma saatleri]

carta (f)	mektup	[mektup]
carta (f) certificada	taahhütlü mektup	[ta:hhytly mektup]
tarjeta (f) postal	kartpostal	[kartpostal]
telegrama (m)	telgraf	[telgraf]
paquete (m) postal	koli	[koli]
giro (m) postal	para havalesi	[para havalesi]

recibir (vt)	almak	[almak]
enviar (vt)	göndermek	[gøndermek]
envío (m)	gönderme	[gønderme]
dirección (f)	adres	[adres]
código (m) postal	posta kodu	[posta kodu]
expedidor (m)	gönderen	[gønderen]
destinatario (m)	alıcı	[alıdʒı]

nombre (m)	ad, isim	[ad], [isim]
apellido (m)	soyadı	[sojadı]
tarifa (f)	posta gönderim tarifesi	[posta gønderim tarifesi]
ordinario (adj)	standart	[standart]
económico (adj)	ekonomik	[ekonomik]

peso (m)	ağırlık	[aırlık]
pesar (~ una carta)	tartmak	[tartmak]
sobre (m)	zarf	[zarf]
sello (m)	pul	[pul]
poner un sello	pul yapıştırmak	[pul japıʃtırmak]

43. La banca

banco (m)	banka	[banka]
sucursal (f)	banka şubesi	[banka ʃubesı]

48

| consultor (m) | banka memuru | [banka memuru] |
| gerente (m) | yönetici | [jønetidʒi] |

cuenta (f)	banka hesabı	[banka hesabı]
numero (m) de la cuenta	hesap numarası	[hesap numarası]
cuenta (f) corriente	çek hesabı	[tʃek hesabı]
cuenta (f) de ahorros	mevduat hesabı	[mevduat hesabı]

abrir una cuenta	hesap açmak	[hesap atʃmak]
cerrar la cuenta	hesap kapatmak	[hesap kapatmak]
ingresar en la cuenta	hesaba para yatırmak	[hesaba para jatırmak]
sacar de la cuenta	hesaptan çekmek	[hesaptan tʃekmek]

depósito (m)	mevduat	[mevduat]
hacer un depósito	depozito vermek	[depozito vermek]
giro (m) bancario	havale	[havale]
hacer un giro	havale etmek	[havale etmek]

| suma (f) | toplam | [toplam] |
| ¿Cuánto? | Kaç? | [katʃ] |

| firma (f) (nombre) | imza | [imza] |
| firmar (vt) | imzalamak | [imzalamak] |

tarjeta (f) de crédito	kredi kartı	[kredi kartı]
código (m)	kod	[kod]
número (m) de tarjeta de crédito	kredi kartı numarası	[kredi kartı numarası]
cajero (m) automático	bankamatik	[bankamatik]

cheque (m)	çek	[tʃek]
sacar un cheque	çek yazmak	[tʃek jazmak]
talonario (m)	çek defteri	[tʃek defteri]

crédito (m)	kredi	[kredi]
pedir el crédito	krediye başvurmak	[kredije baʃvurmak]
obtener un crédito	kredi almak	[kredi almak]
conceder un crédito	kredi vermek	[kredi vermek]
garantía (f)	garanti	[garanti]

44. El teléfono. Las conversaciones telefónicas

teléfono (m)	telefon	[telefon]
teléfono (m) móvil	cep telefonu	[dʒep telefonu]
contestador (m)	telesekreter	[telesekreter]

| llamar, telefonear | telefonla aramak | [telefonla aramak] |
| llamada (f) | arama, görüşme | [arama], [gøryʃme] |

marcar un número	numarayı çevirmek	[numarajı tʃevirmek]
¿Sí?, ¿Dígame?	Alo!	[alø]
preguntar (vt)	sormak	[sormak]
responder (vi, vt)	cevap vermek	[dʒevap vermek]
oír (vt)	duymak	[dujmak]

bien (adv)	iyi	[iji]
mal (adv)	kötü	[køty]
ruidos (m pl)	parazit ses, cızırtı	[parazit ses], [dʒızırtı]

auricular (m)	telefon ahizesi	[telefon ahizesi]
descolgar (el teléfono)	telefonu açmak	[telefonu atʃmak]
colgar el auricular	telefonu kapatmak	[telefonu kapatmak]

ocupado (adj)	meşgul	[meʃgul]
sonar (teléfono)	çalmak	[tʃalmak]
guía (f) de teléfonos	telefon rehberi	[telefon rehberi]

local (adj)	şehiriçi	[ʃehiritʃi]
llamada (f) local	şehiriçi görüşme	[ʃehiritʃi gøryʃme]
de larga distancia	şehirlerarası	[ʃehirlerarası]
llamada (f) de larga distancia	şehirlerarası görüşme	[ʃehirlerarası gøryʃme]
internacional (adj)	uluslararası	[uluslar arası]
llamada (f) internacional	uluslararası görüşme	[uluslararası gøryʃme]

45. El teléfono celular

teléfono (m) móvil	cep telefonu	[dʒep telefonu]
pantalla (f)	ekran	[ekran]
botón (m)	düğme	[dyjme]
tarjeta SIM (f)	SIM kartı	[sim kartı]

pila (f)	pil	[pil]
descargarse (vr)	bitmek	[bitmek]
cargador (m)	şarj cihazı	[ʃarʒ dʒihazı]

menú (m)	menü	[meny]
preferencias (f pl)	ayarlar	[ajarlar]
melodía (f)	melodi	[melodi]
seleccionar (vt)	seçmek	[setʃmek]

calculadora (f)	hesap makinesi	[hesap makinesi]
contestador (m)	sesli mesaj	[sesli mesaʒ]
despertador (m)	çalar saat	[tʃalar saat]
contactos (m pl)	rehber	[rehber]

mensaje (m) de texto	SMS mesajı	[esemes mesaʒı]
abonado (m)	abone	[abone]

46. Los artículos de escritorio. La papelería

bolígrafo (m)	tükenmez kalem	[tykenmez kalem]
pluma (f) estilográfica	dolma kalem	[dolma kalem]

lápiz (m)	kurşun kalem	[kurʃun kalem]
marcador (m)	fosforlu kalem	[fosforlu kalem]
rotulador (m)	keçeli kalem	[ketʃeli kalem]
bloc (m) de notas	not defteri	[not defteri]

T&P Books. Vocabulario Español-Turco - 3000 palabras más usadas

agenda (f)	ajanda	[aʒanda]
regla (f)	cetvel	[ʤetvel]
calculadora (f)	hesap makinesi	[hesap makinesi]
goma (f) de borrar	silgi	[silgi]
chincheta (f)	raptiye	[raptije]
clip (m)	ataş	[ataʃ]

cola (f), pegamento (m)	yapıştırıcı	[japıʃtırıdʒı]
grapadora (f)	zımba	[zımba]
perforador (m)	delgeç	[delgetʃ]
sacapuntas (m)	kalemtıraş	[kalem tıraʃ]

47. Los idiomas extranjeros

lengua (f)	dil	[dil]
extranjero (adj)	yabancı	[jabandʒı]
lengua (f) extranjera	yabancı dil	[jabandʒı dil]
estudiar (vt)	öğrenmek	[ø:renmek]
aprender (ingles, etc.)	öğrenmek	[ø:renmek]

leer (vi, vt)	okumak	[okumak]
hablar (vi, vt)	konuşmak	[konuʃmak]
comprender (vt)	anlamak	[anlamak]
escribir (vt)	yazmak	[jazmak]

rápidamente (adv)	hızlı	[hızlı]
lentamente (adv)	yavaş	[javaʃ]
con fluidez (adv)	akıcı bir şekilde	[akıdʒı bir ʃekilde]

reglas (f pl)	kurallar	[kurallar]
gramática (f)	gramer	[gramer]
vocabulario (m)	kelime hazinesi	[kelime hazinesi]
fonética (f)	fonetik	[fonetik]

manual (m)	ders kitabı	[ders kitabı]
diccionario (m)	sözlük	[søzlyk]
manual (m) autodidáctico	kendi kendine öğrenme kitabı	[kendi kendine ørenme kitabı]
guía (f) de conversación	konuşma kılavuzu	[konuʃma kılavuzu]

casete (m)	kaset	[kaset]
videocasete (f)	videokaset	[videokaset]
disco compacto, CD (m)	CD	[sidi]
DVD (m)	DVD	[dividi]

alfabeto (m)	alfabe	[alfabe]
deletrear (vt)	hecelemek	[hedʒelemek]
pronunciación (f)	telâffuz	[telafyz]

acento (m)	aksan	[aksan]
con acento	aksan ile	[aksan ile]
sin acento	aksansız	[aksansız]

| palabra (f) | kelime | [kelime] |

51

significado (m)	mana, anlam	[mana], [anlam]
cursos (m pl)	kurs	[kurs]
inscribirse (vr)	yazılmak	[jazılmak]
profesor (m) (~ de inglés)	öğretmen	[ø:retmen]

traducción (f) (proceso)	çeviri	[tʃeviri]
traducción (f) (texto)	tercüme, çeviri	[terdʒyme], [tʃeviri]
traductor (m)	çevirmen	[tʃevirmen]
intérprete (m)	tercüman	[terdʒyman]

| políglota (m) | birçok dil bilen | [birtʃok dil bilen] |
| memoria (f) | hafıza | [hafıza] |

LAS COMIDAS. EL RESTAURANTE

48. Los cubiertos

cuchara (f)	kaşık	[kaʃık]
cuchillo (m)	bıçak	[bıtʃak]
tenedor (m)	çatal	[tʃatal]
taza (f)	fincan	[findʒan]
plato (m)	tabak	[tabak]
platillo (m)	fincan tabağı	[findʒan tabaı]
servilleta (f)	peçete	[petʃete]
mondadientes (m)	kürdan	[kyrdan]

49. El restaurante

restaurante (m)	restoran	[restoran]
cafetería (f)	kahvehane	[kahvehane]
bar (m)	bar	[bar]
salón (m) de té	çay salonu	[tʃaj salonu]
camarero (m)	garson	[garson]
camarera (f)	kadın garson	[kadın garson]
barman (m)	barmen	[barmen]
carta (f), menú (m)	menü	[meny]
carta (f) de vinos	şarap listesi	[ʃarap listesi]
reservar una mesa	masa ayırtmak	[masa ajırtmak]
plato (m)	yemek çeşidi	[jemek tʃeʃidi]
pedir (vt)	sipariş etmek	[sipariʃ etmek]
hacer un pedido	sipariş vermek	[sipariʃ vermek]
aperitivo (m)	aperatif	[aperatif]
entremés (m)	aperatif, meze	[aperatif], [meze]
postre (m)	tatlı	[tatlı]
cuenta (f)	hesap	[hesap]
pagar la cuenta	hesabı ödemek	[hesabı ødemek]
dar la vuelta	para üstü vermek	[para justy vermek]
propina (f)	bahşiş	[bahʃiʃ]

50. Las comidas

comida (f)	yemek	[jemek]
comer (vi, vt)	yemek	[jemek]

53

T&P Books. Vocabulario Español-Turco - 3000 palabras más usadas

desayuno (m)	kahvaltı	[kahvaltı]
desayunar (vi)	kahvaltı yapmak	[kahvaltı japmak]
almuerzo (m)	öğle yemeği	[ø:le jemei]
almorzar (vi)	öğle yemeği yemek	[ø:le jemei jemek]
cena (f)	akşam yemeği	[akʃam jemei]
cenar (vi)	akşam yemeği yemek	[akʃam jemei jemek]

| apetito (m) | iştah | [iʃtah] |
| ¡Que aproveche! | Afiyet olsun! | [afijet olsun] |

abrir (vt)	açmak	[atʃmak]
derramar (líquido)	dökmek	[døkmek]
derramarse (líquido)	dökülmek	[døkylmek]

hervir (vi)	kaynamak	[kajnamak]
hervir (vt)	kaynatmak	[kajnatmak]
hervido (agua ~a)	kaynamış	[kajnamıʃ]
enfriar (vt)	serinletmek	[serinletmek]
enfriarse (vr)	soğumak	[soumak]

| sabor (m) | tat | [tat] |
| regusto (m) | ağızda kalan tat | [aızda kalan tat] |

adelgazar (vi)	zayıflamak	[zajıflamak]
dieta (f)	rejim, diyet	[reʒim], [dijet]
vitamina (f)	vitamin	[vitamin]
caloría (f)	kalori	[kalori]
vegetariano (m)	vejetaryen kimse	[veʒetarien kimse]
vegetariano (adj)	vejetaryen	[veʒetarien]

grasas (f pl)	yağlar	[jaalar]
proteínas (f pl)	proteinler	[proteinler]
carbohidratos (m pl)	karbonhidratlar	[karbonhidratlar]
loncha (f)	dilim	[dilim]
pedazo (m)	parça	[partʃa]
miga (f)	kırıntı	[kırıntı]

51. Los platos

plato (m)	yemek	[jemek]
cocina (f)	mutfak	[mutfak]
receta (f)	yemek tarifi	[jemek tarifı]
porción (f)	porsiyon	[porsijon]

| ensalada (f) | salata | [salata] |
| sopa (f) | çorba | [tʃorba] |

caldo (m)	bulyon	[buljon]
bocadillo (m)	sandviç	[sandvitʃ]
huevos (m pl) fritos	sahanda yumurta	[sahanda jumurta]

hamburguesa (f)	hamburger	[hamburger]
bistec (m)	biftek	[biftek]
guarnición (f)	garnitür	[garnityr]

espagueti (m)	spagetti	[spagetti]
puré (m) de patatas	patates püresi	[patates pyresi]
pizza (f)	pizza	[pizza]
gachas (f pl)	lâpa	[lapa]
tortilla (f) francesa	omlet	[omlet]

cocido en agua (adj)	haşlanmış	[haʃlanmɪʃ]
ahumado (adj)	tütsülenmiş, füme	[tytsylenmiʃ], [fyme]
frito (adj)	kızartılmış	[kɪzartɪlmɪʃ]
seco (adj)	kuru, kurutulmuş	[kuru], [kurutulmuʃ]
congelado (adj)	dondurulmuş	[dondurulmuʃ]
marinado (adj)	turşu	[turʃu]

azucarado, dulce (adj)	tatlı	[tatlɪ]
salado (adj)	tuzlu	[tuzlu]
frío (adj)	soğuk	[souk]
caliente (adj)	sıcak	[sɪdʒak]
amargo (adj)	acı	[adʒɪ]
sabroso (adj)	tatlı, lezzetli	[tatlɪ], [lezzetlɪ]

cocer en agua	haşlamak	[haʃlamak]
preparar (la cena)	pişirmek	[piʃirmek]
freír (vt)	kızartmak	[kɪzartmak]
calentar (vt)	ısıtmak	[ɪsɪtmak]

salar (vt)	tuzlamak	[tuzlamak]
poner pimienta	biberlemek	[biberlemek]
rallar (vt)	rendelemek	[rendelemek]
piel (f)	kabuk	[kabuk]
pelar (vt)	soymak	[sojmak]

52. La comida

carne (f)	et	[et]
gallina (f)	tavuk eti	[tavuk eti]
pollo (m)	piliç	[piliʧ]
pato (m)	ördek	[ørdek]
ganso (m)	kaz	[kaz]
caza (f) menor	av hayvanları	[av hajvanlarɪ]
pava (f)	hindi	[hindi]

carne (f) de cerdo	domuz eti	[domuz eti]
carne (f) de ternera	dana eti	[dana eti]
carne (f) de carnero	koyun eti	[kojun eti]
carne (f) de vaca	sığır eti	[sɪɪr eti]
conejo (m)	tavşan eti	[tavʃan eti]

salchichón (m)	sucuk, sosis	[sudʒuk], [sosis]
salchicha (f)	sosis	[sosis]
beicon (m)	domuz pastırması	[domuz pastɪrmasɪ]
jamón (m)	jambon	[ʒambon]
jamón (m) fresco	tütsülenmiş jambon	[tytsylenmiʃ ʒambon]
paté (m)	ciğer pate	[dʒier pate]
hígado (m)	ciğer	[dʒier]

carne (f) picada	kıyma	[kıjma]
lengua (f)	dil	[dil]

huevo (m)	yumurta	[jumurta]
huevos (m pl)	yumurtalar	[jumurtalar]
clara (f)	yumurta akı	[jumurta akı]
yema (f)	yumurta sarısı	[jumurta sarısı]

pescado (m)	balık	[balık]
mariscos (m pl)	deniz ürünleri	[deniz yrynleri]
crustáceos (m pl)	kabuklular	[kabuklular]
caviar (m)	havyar	[havjar]

cangrejo (m) de mar	yengeç	[jengetʃ]
camarón (m)	karides	[karides]
ostra (f)	istiridye	[istiridje]
langosta (f)	langust	[langust]
pulpo (m)	ahtapot	[ahtapot]
calamar (m)	kalamar	[kalamar]

esturión (m)	mersin balığı	[mersin balıı]
salmón (m)	somon balığı	[somon balıı]
fletán (m)	pisi balığı	[pisi balıı]

bacalao (m)	morina balığı	[morina balıı]
caballa (f)	uskumru	[uskumru]
atún (m)	ton balığı	[ton balıı]
anguila (f)	yılan balığı	[jılan balıı]

trucha (f)	alabalık	[alabalık]
sardina (f)	sardalye	[sardalje]
lucio (m)	turna balığı	[turna balıı]
arenque (m)	ringa	[ringa]

pan (m)	ekmek	[ekmek]
queso (m)	peynir	[pejnir]
azúcar (m)	şeker	[ʃeker]
sal (f)	tuz	[tuz]

arroz (m)	pirinç	[pirintʃ]
macarrones (m pl)	makarna	[makarna]
tallarines (m pl)	erişte	[eriʃte]

mantequilla (f)	tereyağı	[terejaı]
aceite (m) vegetal	bitkisel yağ	[bitkisel jaa]
aceite (m) de girasol	ayçiçeği yağı	[ajtʃitʃeı jaı]
margarina (f)	margarin	[margarin]

olivas, aceitunas (f pl)	zeytin	[zejtin]
aceite (m) de oliva	zeytinyağı	[zejtinjaaı]

leche (f)	süt	[syt]
leche (f) condensada	yoğunlaştırılmış süt	[jounlaʃtırılmıʃ syt]
yogur (m)	yoğurt	[jourt]
nata (f) agria	ekşi krema	[ekʃi krema]
nata (f) líquida	süt kaymağı	[syt kajmaı]

mayonesa (f)	mayonez	[majonez]
crema (f) de mantequilla	krema	[krema]
cereales (m pl) integrales	kırma hububat	[kırma hububat]
harina (f)	un	[un]
conservas (f pl)	konserve	[konserve]
copos (m pl) de maíz	mısır gevreği	[mısır gevrei]
miel (f)	bal	[bal]
confitura (f)	reçel	[retʃel]
chicle (m)	sakız, çiklet	[sakız], [tʃiklet]

53. Las bebidas

agua (f)	su	[su]
agua (f) potable	içme suyu	[itʃme suju]
agua (f) mineral	maden suyu	[maden suju]
sin gas	gazsız	[gazsız]
gaseoso (adj)	gazlı	[gazlı]
con gas	maden	[maden]
hielo (m)	buz	[buz]
con hielo	buzlu	[buzlu]
sin alcohol	alkolsüz	[alkolsyz]
bebida (f) sin alcohol	alkolsüz içki	[alkolsyz itʃki]
refresco (m)	soğuk meşrubat	[souk meʃrubat]
limonada (f)	limonata	[limonata]
bebidas (f pl) alcohólicas	alkollü içkiler	[alkolly itʃkiler]
vino (m)	şarap	[ʃarap]
vino (m) blanco	beyaz şarap	[bejaz ʃarap]
vino (m) tinto	kırmızı şarap	[kırmızı ʃarap]
licor (m)	likör	[likør]
champaña (f)	şampanya	[ʃampanja]
vermú (m)	vermut	[vermut]
whisky (m)	viski	[viski]
vodka (m)	votka	[votka]
ginebra (f)	cin	[dʒin]
coñac (m)	konyak	[konjak]
ron (m)	rom	[rom]
café (m)	kahve	[kahve]
café (m) solo	sade kahve	[sade kahve]
café (m) con leche	sütlü kahve	[sytly kahve]
capuchino (m)	kapuçino	[kaputʃino]
café (m) soluble	hazır kahve	[hazır kahve]
leche (f)	süt	[syt]
cóctel (m)	kokteyl	[koktejl]
batido (m)	milkshake, sütlü içecek	[milkshake], [sytly itʃedʒek]
zumo (m), jugo (m)	meyve suyu	[mejve suju]

jugo (m) de tomate	domates suyu	[domates suju]
zumo (m) de naranja	portakal suyu	[portakal suju]
zumo (m) fresco	taze meyve suyu	[taze mejve suju]

cerveza (f)	bira	[bira]
cerveza (f) rubia	hafif bira	[hafif bira]
cerveza (f) negra	siyah bira	[sijah bira]

té (m)	çay	[ʧaj]
té (m) negro	siyah çay	[sijah ʧaj]
té (m) verde	yeşil çay	[jeʃil ʧaj]

54. Las verduras

| legumbres (f pl) | sebze | [sebze] |
| verduras (f pl) | yeşillik | [jeʃilik] |

tomate (m)	domates	[domates]
pepino (m)	salatalık	[salatalık]
zanahoria (f)	havuç	[havuʧ]
patata (f)	patates	[patates]
cebolla (f)	soğan	[soan]
ajo (m)	sarımsak	[sarımsak]

| col (f) | lahana | [lahana] |
| coliflor (f) | karnabahar | [karnabahar] |

| col (f) de Bruselas | Brüksel lâhanası | [bryksel lahanası] |
| brócoli (m) | brokoli | [brokoli] |

remolacha (f)	pancar	[panʤar]
berenjena (f)	patlıcan	[patlıʤan]
calabacín (m)	sakız kabağı	[sakız kabaı]

| calabaza (f) | kabak | [kabak] |
| nabo (m) | şalgam | [ʃalgam] |

perejil (m)	maydanoz	[majdanoz]
eneldo (m)	dereotu	[dereotu]
lechuga (f)	marul	[marul]
apio (m)	kereviz	[kereviz]

| espárrago (m) | kuşkonmaz | [kuʃkonmaz] |
| espinaca (f) | ıspanak | [ıspanak] |

| guisante (m) | bezelye | [bezelje] |
| habas (f pl) | fasulye | [fasulje] |

| maíz (m) | mısır | [mısır] |
| fréjol (m) | barbunya | [barbunja] |

pimiento (m) dulce	dolma biber	[dolma biber]
rábano (m)	turp	[turp]
alcachofa (f)	enginar	[enginar]

55. Las frutas. Las nueces

fruto (m)	meyve	[mejve]
manzana (f)	elma	[elma]
pera (f)	armut	[armut]
limón (m)	limon	[limon]
naranja (f)	portakal	[portakal]
fresa (f)	çilek	[tʃilek]

mandarina (f)	mandalina	[mandalina]
ciruela (f)	erik	[erik]
melocotón (m)	şeftali	[ʃeftali]
albaricoque (m)	kayısı	[kajısı]
frambuesa (f)	ahududu	[ahududu]
piña (f)	ananas	[ananas]

banana (f)	muz	[muz]
sandía (f)	karpuz	[karpuz]
uva (f)	üzüm	[yzym]
guinda (f)	vişne	[viʃne]
cereza (f)	kiraz	[kiraz]
melón (m)	kavun	[kavun]

pomelo (m)	greyfurt	[grejfurt]
aguacate (m)	avokado	[avokado]
papaya (f)	papaya	[papaja]
mango (m)	mango	[mango]
granada (f)	nar	[nar]

grosella (f) roja	kırmızı frenk üzümü	[kırmızı frenk yzymy]
grosella (f) negra	kuş üzümü	[kuʃ yzymy]
grosella (f) espinosa	bektaşi üzümü	[bektaʃi yzymy]
arándano (m)	yaban mersini	[jaban mersini]
zarzamoras (f pl)	böğürtlen	[bøjurtlen]

pasas (f pl)	kuru üzüm	[kuru yzym]
higo (m)	incir	[indʒir]
dátil (m)	hurma	[hurma]

cacahuete (m)	yerfıstığı	[jerfıstıı]
almendra (f)	badem	[badem]
nuez (f)	ceviz	[dʒeviz]
avellana (f)	fındık	[fındık]
nuez (f) de coco	Hindistan cevizi	[hindistan dʒevizi]
pistachos (m pl)	antep fıstığı	[antep fıstıı]

56. El pan. Los dulces

pasteles (m pl)	şekerleme	[ʃekerleme]
pan (m)	ekmek	[ekmek]
galletas (f pl)	kurabiye	[kurabije]
chocolate (m)	çikolata	[tʃikolata]
de chocolate (adj)	çikolatalı	[tʃikolatalı]

T&P Books. Vocabulario Español-Turco - 3000 palabras más usadas

caramelo (m) | şekerleme | [ʃekerleme]
tarta (f) (pequeña) | tek kişilik pasta | [tek kiʃilik pasta]
tarta (f) (~ de cumpleaños) | kek, pasta | [kek], [pasta]

tarta (f) (~ de manzana) | turta | [turta]
relleno (m) | iç malzeme | [itʃ malzeme]

confitura (f) | reçel | [retʃel]
mermelada (f) | marmelat | [marmelat]
gofre (m) | gofret | [gofret]
helado (m) | dondurma | [dondurma]
pudin (m) | muhallebi, puding | [muhallebi], [puding]

57. Las especias

sal (f) | tuz | [tuz]
salado (adj) | tuzlu | [tuzlu]
salar (vt) | tuzlamak | [tuzlamak]

pimienta (f) negra | karabiber | [karabiber]
pimienta (f) roja | kırmızı pul biber | [kırmızı pul biber]
mostaza (f) | hardal | [hardal]
rábano (m) picante | bayırturpu | [bajırturpu]

condimento (m) | çeşni | [tʃeʃni]
especia (f) | baharat | [baharat]
salsa (f) | salça, sos | [saltʃa], [sos]
vinagre (m) | sirke | [sirke]

anís (m) | anason | [anason]
albahaca (f) | fesleğen | [fesleen]
clavo (m) | karanfil | [karanfil]
jengibre (m) | zencefil | [zendʒefil]
cilantro (m) | kişniş | [kiʃniʃ]
canela (f) | tarçın | [tartʃın]

sésamo (m) | susam | [susam]
hoja (f) de laurel | defne yaprağı | [defne japraı]
paprika (f) | kırmızı biber | [kırmızı biber]
comino (m) | frenk kimyonu | [frenk kimjonu]
azafrán (m) | safran | [safran]

LA INFORMACIÓN PERSONAL. LA FAMILIA

58. La información personal. Los formularios

nombre (m)	ad, isim	[ad], [isim]
apellido (m)	soyadı	[sojadı]
fecha (f) de nacimiento	doğum tarihi	[doum tarihi]
lugar (m) de nacimiento	doğum yeri	[doum jeri]
nacionalidad (f)	milliyet	[millijet]
domicilio (m)	ikamet yeri	[ikamet jeri]
país (m)	ülke	[ylke]
profesión (f)	meslek	[meslek]
sexo (m)	cinsiyet	[dʒinsijet]
estatura (f)	boy	[boj]
peso (m)	ağırlık	[aırlık]

59. Los familiares. Los parientes

madre (f)	anne	[anne]
padre (m)	baba	[baba]
hijo (m)	oğul	[øːul]
hija (f)	kız	[kız]
hija (f) menor	küçük kız	[kytʃuk kız]
hijo (m) menor	küçük oğul	[kytʃuk oul]
hija (f) mayor	büyük kız	[byjuk kız]
hijo (m) mayor	büyük oğul	[byjuk oul]
hermano (m)	erkek kardeş	[erkek kardeʃ]
hermano (m) mayor	büyük erkek kardeş	[byjuk erkek kardeʃ]
hermano (m) menor	küçük erkek kardeş	[kytʃyk erkek kardeʃ]
hermana (f)	kız kardeş, bacı	[kız kardeʃ], [badʒı]
hermana (f) mayor	büyük kız kardeş	[byjuk kız kardeʃ]
hermana (f) menor	küçük kız kardeş	[kytʃyk kız kardeʃ]
primo (m)	erkek kuzen	[erkek kuzen]
prima (f)	kız kuzen	[kız kuzen]
mamá (f)	anne	[anne]
papá (m)	baba	[baba]
padres (pl)	ebeveyn, anne baba	[ebevejn], [anne baba]
niño -a (m, f)	çocuk	[tʃodʒuk]
niños (pl)	çocuklar	[tʃodʒuklar]
abuela (f)	büyük anne	[byjuk anne]
abuelo (m)	büyük baba	[byjuk baba]
nieto (m)	erkek torun	[erkek torun]

| nieta (f) | kız torun | [kız torun] |
| nietos (pl) | torunlar | [torunlar] |

tío (m)	amca, dayı	[amdʒa], [dajı]
tía (f)	teyze, hala	[tejze], [hala]
sobrino (m)	erkek yeğen	[erkek jeen]
sobrina (f)	kız yeğen	[kız jeen]

suegra (f)	kaynana	[kajnana]
suegro (m)	kaynata	[kajnata]
yerno (m)	damat	[damat]
madrastra (f)	üvey anne	[yvej anne]
padrastro (m)	üvey baba	[yvej baba]

niño (m) de pecho	süt çocuğu	[syt tʃodʒuu]
bebé (m)	bebek	[bebek]
chico (m)	erkek çocuk	[erkek tʃodʒuk]

mujer (f)	karı	[karı]
marido (m)	koca	[kodʒa]
esposo (m)	eş	[eʃ]
esposa (f)	eş	[eʃ]

casado (adj)	evli	[evli]
casada (adj)	evli	[evli]
soltero (adj)	bekâr	[bekjar]
soltero (m)	bekâr	[bekjar]
divorciado (adj)	boşanmış	[boʃanmıʃ]
viuda (f)	dul kadın	[dul kadın]
viudo (m)	dul erkek	[dul erkek]

pariente (m)	akraba	[akraba]
pariente (m) cercano	yakın akraba	[jakın akraba]
pariente (m) lejano	uzak akraba	[uzak akraba]
parientes (pl)	akrabalar	[akrabalar]

huérfano (m), huérfana (f)	yetim	[jetim]
tutor (m)	vasi	[vasi]
adoptar (un niño)	evlat edinmek	[evlat edinmek]
adoptar (una niña)	evlat edinmek	[evlat edinmek]

60. Los amigos. Los compañeros del trabajo

amigo (m)	dost, arkadaş	[dost], [arkadaʃ]
amiga (f)	arkadaş, dost	[arkadaʃ], [dost]
amistad (f)	dostluk	[dostluk]
ser amigo	arkadaş olmak	[arkadaʃ olmak]

amigote (m)	arkadaş	[arkadaʃ]
amiguete (f)	dost, arkadaş	[dost], [arkadaʃ]
compañero (m)	partner, eş	[partner], [eʃ]

| jefe (m) | şef | [ʃef] |
| superior (m) | amir | [amir] |

propietario (m)	sahip	[sahip]
subordinado (m)	ast	[ast]
colega (m, f)	meslektaş	[meslektaʃ]
conocido (m)	tanıdık	[tanıdık]
compañero (m) de viaje	yol arkadaşı	[jol arkadaʃı]
condiscípulo (m)	sınıf arkadaşı	[sınıf arkadaʃı]
vecino (m)	komşu	[komʃu]
vecina (f)	komşu	[komʃu]
vecinos (pl)	komşular	[komʃular]

EL CUERPO. LA MEDICINA

61. La cabeza

cabeza (f)	baş	[baʃ]
cara (f)	yüz	[juz]
nariz (f)	burun	[burun]
boca (f)	ağız	[aɪz]

ojo (m)	göz	[gøz]
ojos (m pl)	gözler	[gøzler]
pupila (f)	göz bebeği	[gøz bebeɪ]
ceja (f)	kaş	[kaʃ]
pestaña (f)	kirpik	[kirpik]
párpado (m)	göz kapağı	[gøz kapaɪ]

lengua (f)	dil	[dil]
diente (m)	diş	[diʃ]
labios (m pl)	dudaklar	[dudaklar]
pómulos (m pl)	elmacık kemiği	[elmadʒık kemii]
encía (f)	dişeti	[diʃeti]
paladar (m)	damak	[damak]

ventanas (f pl)	burun deliği	[burun delii]
mentón (m)	çene	[tʃene]
mandíbula (f)	çene kemiği	[tʃene kemii]
mejilla (f)	yanak	[janak]

frente (f)	alın	[alın]
sien (f)	şakak	[ʃakak]
oreja (f)	kulak	[kulak]
nuca (f)	ense	[ense]
cuello (m)	boyun	[bojun]
garganta (f)	boğaz	[boaz]

pelo, cabello (m)	saçlar	[satʃlar]
peinado (m)	saç modeli	[satʃ modeli]
corte (m) de pelo	saç biçimi	[satʃ bitʃimi]
peluca (f)	peruk	[peryk]

bigote (m)	bıyık	[bıjık]
barba (f)	sakal	[sakal]
tener (~ la barba)	uzatmak	[uzatmak]
trenza (f)	saç örgüsü	[satʃ ørgysy]
patillas (f pl)	favori	[favori]

pelirrojo (adj)	kızıl saçlı	[kızıl satʃlı]
gris, canoso (adj)	kır	[kır]
calvo (adj)	kel	[kel]
calva (f)	dazlak yer	[dazlak jer]

| cola (f) de caballo | at kuyruğu | [at kujruu] |
| flequillo (m) | kakül | [kakyl] |

62. El cuerpo

| mano (f) | el | [el] |
| brazo (m) | kol | [kol] |

dedo (m)	parmak	[parmak]
dedo (m) del pie	ayak parmağı	[ajak parmaı]
dedo (m) pulgar	başparmak	[baʃ parmak]
dedo (m) meñique	küçük parmak	[kytʃuk parmak]
uña (f)	tırnak	[tırnak]

puño (m)	yumruk	[jumruk]
palma (f)	avuç	[avutʃ]
muñeca (f)	bilek	[bilek]
antebrazo (m)	önkol	[ønkol]
codo (m)	dirsek	[dirsek]
hombro (m)	omuz	[omuz]

pierna (f)	bacak	[badʒak]
planta (f)	ayak	[ajak]
rodilla (f)	diz	[diz]
pantorrilla (f)	baldır	[baldır]
cadera (f)	kalça	[kaltʃa]
talón (m)	topuk	[topuk]

cuerpo (m)	vücut	[vydʒut]
vientre (m)	karın	[karın]
pecho (m)	göğüs	[gøjus]
seno (m)	meme	[meme]
lado (m), costado (m)	böğür, yan	[bøjur], [jan]
espalda (f)	sırt	[sırt]
zona (f) lumbar	bel	[bel]
cintura (f), talle (m)	bel	[bel]

ombligo (m)	göbek deliği	[gøbek delii]
nalgas (f pl)	kaba et	[kaba et]
trasero (m)	kıç, popo	[kıtʃ], [popo]

lunar (m)	ben	[ben]
marca (f) de nacimiento	doğum lekesi	[doum lekesi]
tatuaje (m)	dövme	[døvme]
cicatriz (f)	yara izi	[jara izi]

63. Las enfermedades

enfermedad (f)	hastalık	[hastalık]
estar enfermo	hasta olmak	[hasta olmak]
salud (f)	sağlık	[saalık]
resfriado (m) (coriza)	burun akıntısı, nezle	[burun akıntısı], [nezle]

T&P Books. Vocabulario Español-Turco - 3000 palabras más usadas

angina (f)	bademcik iltihabı, tonsilit	[bademdʒik iltihabı], [tonsilit]
resfriado (m)	soğuk algınlığı	[souk algınlıı]
resfriarse (vr)	soğuk almak	[souk almak]
bronquitis (f)	bronşit	[bronʃit]
pulmonía (f)	zatürree	[zatyrree]
gripe (f)	grip, enflüenza	[grip], [enflüenza]
miope (adj)	uzağı iyi göremeyen	[uzaı iji gøremejen]
présbita (adj)	yakını iyi göremeyen	[jakını iji gøremejen]
estrabismo (m)	şaşılık	[ʃaʃılık]
estrábico (m) (adj)	şaşı	[ʃaʃı]
catarata (f)	katarakt	[katarakt]
glaucoma (m)	glokoma	[glokoma]
insulto (m)	felç, inme	[feltʃ], [inme]
ataque (m) cardiaco	kalp krizi	[kalp krizi]
infarto (m) de miocardio	myokard infarktüsü	[miokard infarktysy]
parálisis (f)	felç olma	[feltʃ olma]
paralizar (vt)	felç etmek	[feltʃ etmek]
alergia (f)	alerji	[alerʒi]
asma (f)	astım	[astım]
diabetes (f)	diyabet	[diabet]
dolor (m) de muelas	diş ağrısı	[diʃ aarısı]
caries (f)	diş çürümesi	[diʃ tʃurymesi]
diarrea (f)	ishal	[ishal]
estreñimiento (m)	kabızlık	[kabızlık]
molestia (f) estomacal	mide bozukluğu	[mide bozukluu]
envenenamiento (m)	gıda zehirlenmesi	[gıda zehirlenmesi]
envenenarse (vr)	gıda zehirlenmesi geçirmek	[gıda zehirlenmesi getʃirmek]
artritis (f)	artrit, arterit	[artrit]
raquitismo (m)	raşitizm	[raʃitizm]
reumatismo (m)	romatizma	[romatizma]
ateroesclerosis (f)	damar sertliği	[damar sertlii]
gastritis (f)	gastrit	[gastrit]
apendicitis (f)	apandisit	[apandisit]
colecistitis (f)	kolesistit	[kolesistit]
úlcera (f)	ülser	[ylser]
sarampión (m)	kızamık	[kızamık]
rubeola (f)	kızamıkçık	[kızamıktʃik]
ictericia (f)	sarılık	[sarılık]
hepatitis (f)	hepatit	[hepatit]
esquizofrenia (f)	şizofreni	[ʃizofreni]
rabia (f) (hidrofobia)	kuduz hastalığı	[kuduz hastalıı]
neurosis (f)	nevroz	[nevroz]
conmoción (f) cerebral	beyin sarsıntısı	[bejin sarsıntısı]
cáncer (m)	kanser	[kanser]
esclerosis (f)	skleroz	[skleroz]

T&P Books. Vocabulario Español-Turco - 3000 palabras más usadas

esclerosis (f) múltiple	multipl skleroz	[multipl skleroz]
alcoholismo (m)	alkolizm	[alkolizm]
alcohólico (m)	alkolik	[alkolik]
sífilis (f)	frengi	[frengi]
SIDA (m)	AİDS	[eids]

tumor (m)	tümör, ur	[tymør], [jur]
maligno (adj)	kötü huylu	[køty hujlu]
benigno (adj)	iyi huylu	[iji hujlu]

fiebre (f)	yüksek ateş	[juksek ateʃ]
malaria (f)	sıtma	[sıtma]
gangrena (f)	kangren	[kangren]
mareo (m)	deniz tutması	[deniz tutması]
epilepsia (f)	epilepsi	[epilepsi]

epidemia (f)	salgın	[salgın]
tifus (m)	tifüs	[tifys]
tuberculosis (f)	verem	[verem]
cólera (f)	kolera	[kolera]
peste (f)	veba	[veba]

64. Los síntomas. Los tratamientos. Unidad 1

síntoma (m)	belirti	[belirti]
temperatura (f)	ateş	[ateʃ]
fiebre (f)	yüksek ateş	[juksek ateʃ]
pulso (m)	nabız	[nabız]

mareo (m) (vértigo)	baş dönmesi	[baʃ dønmesi]
caliente (adj)	ateşli	[ateʃli]
escalofrío (m)	titreme	[titreme]
pálido (adj)	solgun	[solgun]

tos (f)	öksürük	[øksyryk]
toser (vi)	öksürmek	[øksyrmek]
estornudar (vi)	hapşırmak	[hapʃırmak]
desmayo (m)	baygınlık	[bajgınlık]
desmayarse (vr)	bayılmak	[bajılmak]

moradura (f)	çürük	[tʃuryk]
chichón (m)	şişlik	[ʃiʃlik]
golpearse (vr)	çarpmak	[tʃarpmak]
magulladura (f)	bere, ezik, çürük	[bere], [ezik], [tʃyryk]
magullarse (vr)	incinmek	[indʒinmek]

cojear (vi)	topallamak	[topallamak]
dislocación (f)	çıkık	[tʃıkık]
dislocar (vt)	çıkmak	[tʃıkmak]
fractura (f)	kırık, fraktür	[kırık], [fraktyr]
tener una fractura	kırılmak, çatlamak	[kırılmak], [tʃatlamak]

| corte (m) (tajo) | kesik | [kesik] |
| cortarse (vr) | kendini kesmek | [kendini kesmek] |

67

hemorragia (f)	kanama	[kanama]
quemadura (f)	yanık	[janık]
quemarse (vr)	yanmak	[janmak]
pincharse (~ el dedo)	delmek	[delmek]
pincharse (vr)	kendini delmek	[kendini delmek]
herir (vt)	yaralamak	[jaralamak]
herida (f)	yara, incinme	[jara], [indʒinme]
lesión (f) (herida)	yara	[jara]
trauma (m)	travma, sarsıntı	[travma], [sarsıntı]
delirar (vi)	sayıklamak	[sajıklamak]
tartamudear (vi)	kekelemek	[kekelemek]
insolación (f)	güneş çarpması	[gyneʃ tʃarpması]

65. Los síntomas. Los tratamientos. Unidad 2

dolor (m)	acı	[adʒı]
astilla (f)	kıymık	[kıjmık]
sudor (m)	ter	[ter]
sudar (vi)	terlemek	[terlemek]
vómito (m)	kusma	[kusma]
convulsiones (f pl)	kramp	[kramp]
embarazada (adj)	hamile	[hamile]
nacer (vi)	doğmak	[doomak]
parto (m)	doğum	[doum]
dar a luz	doğurmak	[dourmak]
aborto (m)	kürtaj	[kyrtaʒ]
respiración (f)	solunum, respirasyon	[solunum], [respirasjon]
inspiración (f)	soluk alma	[soluk alma]
espiración (f)	soluk verme	[soluk verme]
espirar (vi)	soluk vermek	[soluk vermek]
inspirar (vi)	soluk almak	[soluk almak]
inválido (m)	engelli kişi, malul	[engelli kiʃi], [malul]
mutilado (m)	sakat	[sakat]
drogadicto (m)	uyuşturucu bağımlısı	[ujuʃturudʒu baımlısı]
sordo (adj)	sağır	[saır]
mudo (adj)	dilsiz	[dilsiz]
sordomudo (adj)	sağır ve dilsiz	[saır ve dilsiz]
loco (adj)	deli	[deli]
loco (m)	deli adam	[deli adam]
loca (f)	deli kadın	[deli kadın]
volverse loco	çıldırmak	[tʃıldırmak]
gen (m)	gen	[gen]
inmunidad (f)	bağışıklık	[baıʃıklık]
hereditario (adj)	irsi, kalıtsal	[irsi], [kalıtsal]
de nacimiento (adj)	doğuştan	[douʃtan]

virus (m)	virüs	[virys]
microbio (m)	mikrop	[mikrop]
bacteria (f)	bakteri	[bakteri]
infección (f)	enfeksiyon	[enfeksijon]

66. Los síntomas. Los tratamientos. Unidad 3

| hospital (m) | hastane | [hastane] |
| paciente (m) | hasta | [hasta] |

diagnosis (f)	teşhis	[teʃhis]
cura (f)	çare	[ʧare]
tratamiento (m)	tedavi	[tedavi]
curarse (vr)	tedavi görmek	[tedavi gørmek]
tratar (vt)	tedavi etmek	[tedavi etmek]
cuidar (a un enfermo)	hastaya bakmak	[hastaja bakmak]
cuidados (m pl)	hasta bakımı	[hasta bakımı]

operación (f)	ameliyat	[amelijat]
vendar (vt)	bandajlamak	[bandaʒlamak]
vendaje (m)	bandaj, sargı	[bandaʒ], [sargı]

vacunación (f)	aşılama	[aʃılama]
vacunar (vt)	aşılamak	[aʃılamak]
inyección (f)	iğne	[iine]
aplicar una inyección	iğne yapmak	[iine japmak]

ataque (m)	atak	[atak]
amputación (f)	ampütasyon	[ampytasjon]
amputar (vt)	ampüte etmek	[ampyte etmek]
coma (m)	koma	[koma]
estar en coma	komada olmak	[komada olmak]
revitalización (f)	yoğun bakım	[joun bakım]

recuperarse (vr)	iyileşmek	[ijileʃmek]
estado (m) (de salud)	durum	[durum]
consciencia (f)	bilinç	[bilinʧ]
memoria (f)	hafıza	[hafıza]

extraer (un diente)	çekmek	[ʧekmek]
empaste (m)	diş dolgusu	[diʃ dolgusu]
empastar (vt)	dişe dolgu yapmak	[diʃe dolgu japmak]

| hipnosis (f) | hipnoz | [hipnoz] |
| hipnotizar (vt) | hipnotize etmek | [hipnotize etmek] |

67. La medicina. Las drogas. Los accesorios

medicamento (m), droga (f)	ilaç	[ilaʧ]
remedio (m)	deva	[deva]
prescribir (vt)	yazmak	[jazmak]
receta (f)	reçete	[reʧete]

tableta (f)	hap	[hap]
ungüento (m)	merhem	[merhem]
ampolla (f)	ampul	[ampul]
mixtura (f), mezcla (f)	solüsyon	[solysjon]
sirope (m)	şurup	[ʃurup]
píldora (f)	kapsül	[kapsyl]
polvo (m)	toz	[toz]
venda (f)	gazlı bez	[gazlı bez]
algodón (m) (discos de ~)	pamuk	[pamuk]
yodo (m)	iyot	[ijot]
tirita (f), curita (f)	yara bandı	[jara bandı]
pipeta (f)	damlalık	[damlalık]
termómetro (m)	termometre	[termometre]
jeringa (f)	şırınga	[ʃiringa]
silla (f) de ruedas	tekerlekli sandalye	[tekerlekli sandalje]
muletas (f pl)	koltuk değneği	[koltuk deenei]
anestésico (m)	ağrı kesici	[aarı kesidʒi]
purgante (m)	müshil	[myshil]
alcohol (m)	ispirto	[ispirto]
hierba (f) medicinal	şifalı bitkiler	[ʃifalı bitkiler]
de hierbas (té ~)	bitkisel	[bitkisel]

EL APARTAMENTO

68. El apartamento

apartamento (m)	daire	[daire]
habitación (f)	oda	[oda]
dormitorio (m)	yatak odası	[jatak odası]
comedor (m)	yemek odası	[jemek odası]
salón (m)	oturma odası	[oturma odası]
despacho (m)	çalışma odası	[tʃalıʃma odası]
antecámara (f)	antre	[antre]
cuarto (m) de baño	banyo	[banjo]
servicio (m)	tuvalet	[tuvalet]
techo (m)	tavan	[tavan]
suelo (m)	taban, yer	[taban], [jer]
rincón (m)	köşe	[køʃe]

69. Los muebles. El interior

muebles (m pl)	mobilya	[mobilja]
mesa (f)	masa	[masa]
silla (f)	sandalye	[sandalje]
cama (f)	yatak	[jatak]
sofá (m)	kanepe, koltuk	[kanepe], [koltuk]
sillón (m)	koltuk	[koltuk]
librería (f)	kitaplık	[kitaplık]
estante (m)	kitap rafı	[kitap rafı]
armario (m)	elbise dolabı	[elbise dolabı]
percha (f)	duvar askısı	[duvar askısı]
perchero (m) de pie	portmanto	[portmanto]
cómoda (f)	komot	[komot]
mesa (f) de café	sehpa	[sehpa]
espejo (m)	ayna	[ajna]
tapiz (m)	halı	[halı]
alfombra (f)	kilim	[kilim]
chimenea (f)	şömine	[ʃømine]
vela (f)	mum	[mum]
candelero (m)	mumluk	[mumluk]
cortinas (f pl)	perdeler	[perdler]
empapelado (m)	duvar kağıdı	[duvar kaıdı]

71

T&P Books. Vocabulario Español-Turco - 3000 palabras más usadas

estor (m) de láminas	jaluzi	[ʒalyzi]
lámpara (f) de mesa	masa lambası	[masa lambası]
aplique (m)	aplik	[aplik]
lámpara (f) de pie	ayaklı lamba	[ajaklı lamba]
lámpara (f) de araña	avize	[avize]
pata (f) (~ de la mesa)	ayak	[ajak]
brazo (m)	kol	[kol]
espaldar (m)	arkalık, sırt	[arkalık], [sırt]
cajón (m)	çekmece	[ʧekmedʒe]

70. Los accesorios de cama

ropa (f) de cama	yatak takımı	[jatak takımı]
almohada (f)	yastık	[jastık]
funda (f)	yastık kılıfı	[jastık kılıfı]
manta (f)	yorgan	[jorgan]
sábana (f)	çarşaf	[ʧarʃaf]
sobrecama (f)	yatak örtüsü	[jatak ørtysy]

71. La cocina

cocina (f)	mutfak	[mutfak]
gas (m)	gaz	[gaz]
cocina (f) de gas	kuzine fırın	[kuzine fırın]
cocina (f) eléctrica	elektrikli ocak	[elektrikli odʒak]
horno (m)	fırın	[fırın]
horno (m) microondas	mikrodalga fırın	[mikrodalga fırın]
frigorífico (m)	buzdolabı	[buzdolabı]
congelador (m)	derin dondurucu	[derin dondurudʒu]
lavavajillas (m)	bulaşık makinesi	[bulaʃık makinesi]
picadora (f) de carne	kıyma makinesi	[kıjma makinesi]
exprimidor (m)	meyve sıkacağı	[mejve sıkadʒaı]
tostador (m)	tost makinesi	[tost makinesi]
batidora (f)	mikser	[mikser]
cafetera (f) (aparato de cocina)	kahve makinesi	[kahve makinesi]
cafetera (f) (para servir)	cezve	[dʒezve]
molinillo (m) de café	kahve değirmeni	[kahve deirmeni]
hervidor (m) de agua	çaydanlık	[ʧajdanlık]
tetera (f)	demlik	[demlik]
tapa (f)	kapak	[kapak]
colador (m) de té	çay süzgeci	[ʧaj syzgedʒi]
cuchara (f)	kaşık	[kaʃık]
cucharilla (f)	çay kaşığı	[ʧaj kaʃıı]
cuchara (f) de sopa	yemek kaşığı	[jemek kaʃıı]
tenedor (m)	çatal	[ʧatal]

T&P Books. Vocabulario Español-Turco - 3000 palabras más usadas

cuchillo (m)	bıçak	[bɪtʃak]
vajilla (f)	mutfak gereçleri	[mutfak geretʃleri]
plato (m)	tabak	[tabak]
platillo (m)	fincan tabağı	[findʒan tabaı]

vaso (m) de chupito	shot bardağı	[shot bardaı]
vaso (m) (~ de agua)	bardak	[bardak]
taza (f)	fincan	[findʒan]

azucarera (f)	şekerlik	[ʃekerlik]
salero (m)	tuzluk	[tuzluk]
pimentero (m)	biberlik	[biberlik]
mantequera (f)	tereyağı tabağı	[terejaı tabaı]

cacerola (f)	tencere	[tendʒere]
sartén (f)	tava	[tava]
cucharón (m)	kepçe	[keptʃe]
colador (m)	süzgeç	[syzgetʃ]
bandeja (f)	tepsi	[tepsi]

botella (f)	şişe	[ʃiʃe]
tarro (m) de vidrio	kavanoz	[kavanoz]
lata (f)	teneke	[teneke]

abrebotellas (m)	şişe açacağı	[ʃiʃe atʃadʒaı]
abrelatas (m)	konserve açacağı	[konserve atʃadʒaı]
sacacorchos (m)	tirbuşon	[tirbyʃon]
filtro (m)	filtre	[filtre]
filtrar (vt)	filtre etmek	[filtre etmek]

| basura (f) | çöp | [tʃøp] |
| cubo (m) de basura | çöp kovası | [tʃøp kovası] |

72. El baño

cuarto (m) de baño	banyo	[banjo]
agua (f)	su	[su]
grifo (m)	musluk	[musluk]
agua (f) caliente	sıcak su	[sıdʒak su]
agua (f) fría	soğuk su	[souk su]

pasta (f) de dientes	diş macunu	[diʃ madʒunu]
limpiarse los dientes	dişlerini fırçalamak	[diʃlerini fırtʃalamak]
cepillo (m) de dientes	diş fırçası	[diʃ fırtʃası]

afeitarse (vr)	tıraş olmak	[tıraʃ olmak]
espuma (f) de afeitar	tıraş köpüğü	[tıraʃ køpyy]
maquinilla (f) de afeitar	jilet	[ʒilet]

lavar (vt)	yıkamak	[jıkamak]
darse un baño	yıkanmak	[jıkanmak]
ducha (f)	duş	[duʃ]
darse una ducha	duş almak	[duʃ almak]
bañera (f)	küvet	[kyvet]

inodoro (m)	klozet	[klozet]
lavabo (m)	lavabo	[lavabo]
jabón (m)	sabun	[sabun]
jabonera (f)	sabunluk	[sabunluk]
esponja (f)	sünger	[synger]
champú (m)	şampuan	[ʃampuan]
toalla (f)	havlu	[havlu]
bata (f) de baño	bornoz	[bornoz]
colada (f), lavado (m)	çamaşır yıkama	[tʃamaʃır jıkama]
lavadora (f)	çamaşır makinesi	[tʃamaʃır makinesi]
lavar la ropa	çamaşırları yıkamak	[tʃamaʃırları jıkamak]
detergente (m) en polvo	çamaşır deterjanı	[tʃamaʃır deterʒanı]

73. Los aparatos domésticos

televisor (m)	televizyon	[televizjon]
magnetófono (m)	teyp	[tejp]
vídeo (m)	video	[video]
radio (m)	radyo	[radjo]
reproductor (m) (~ MP3)	çalar	[tʃalar]
proyector (m) de vídeo	projeksiyon makinesi	[proʒeksion makinesi]
sistema (m) home cinema	ev sineması	[ev sineması]
reproductor (m) de DVD	DVD oynatıcı	[dividi ojnatıdʒı]
amplificador (m)	amfi, amplifikatör	[amfi], [amplifikatør]
videoconsola (f)	oyun konsolu	[ojun konsolu]
cámara (f) de vídeo	video kamera	[videokamera]
cámara (f) fotográfica	fotoğraf makinesi	[fotoraf makinesi]
cámara (f) digital	dijital fotoğraf makinesi	[diʒital fotoraf makinesi]
aspirador (m), aspiradora (f)	elektrikli süpürge	[elektrikli sypyrge]
plancha (f)	ütü	[yty]
tabla (f) de planchar	ütü masası	[yty masası]
teléfono (m)	telefon	[telefon]
teléfono (m) móvil	cep telefonu	[dʒep telefonu]
máquina (f) de escribir	daktilo	[daktilo]
máquina (f) de coser	dikiş makinesi	[dikiʃ makinesi]
micrófono (m)	mikrofon	[mikrofon]
auriculares (m pl)	kulaklık	[kulaklık]
mando (m) a distancia	uzaktan kumanda	[uzaktan kumanda]
CD (m)	CD	[sidi]
casete (m)	kaset	[kaset]
disco (m) de vinilo	vinil plak	[vinil plak]

LA TIERRA. EL TIEMPO

74. El espacio

cosmos (m)	uzay, evren	[uzaj], [evren]
espacial, cósmico (adj)	uzay	[uzaj]
espacio (m) cósmico	feza	[feza]
mundo (m)	kainat	[kajnat]
universo (m)	evren	[evren]
galaxia (f)	galaksi	[galaksi]
estrella (f)	yıldız	[jıldız]
constelación (f)	takımyıldız	[takımjıldız]
planeta (m)	gezegen	[gezegen]
satélite (m)	uydu	[ujdu]
meteorito (m)	göktaşı	[gøktaʃı]
cometa (m)	kuyruklu yıldız	[kujruklu jıldız]
asteroide (m)	asteroit	[asteroit]
órbita (f)	yörünge	[jørynge]
girar (vi)	dönmek	[dønmek]
atmósfera (f)	atmosfer	[atmosfer]
Sol (m)	Güneş	[gyneʃ]
sistema (m) solar	Güneş sistemi	[gyneʃ sistemi]
eclipse (m) de Sol	Güneş tutulması	[gyneʃ tutulması]
Tierra (f)	Dünya	[dynja]
Luna (f)	Ay	[aj]
Marte (m)	Mars	[mars]
Venus (f)	Venüs	[venys]
Júpiter (m)	Jüpiter	[ʒupiter]
Saturno (m)	Satürn	[satyrn]
Mercurio (m)	Merkür	[merkyr]
Urano (m)	Uranüs	[uranys]
Neptuno (m)	Neptün	[neptyn]
Plutón (m)	Plüton	[plyton]
la Vía Láctea	Samanyolu	[samanjolu]
la Osa Mayor	Büyükayı	[byjuk ajı]
la Estrella Polar	Kutup yıldızı	[kutup jıldızı]
marciano (m)	Marslı	[marslı]
extraterrestre (m)	dünya dışı varlık	[dynja dıʃı varlık]

Español	Turco	Pronunciación
planetícola (m)	uzaylı	[uzajlı]
platillo (m) volante	uçan daire	[utʃan daire]
nave (f) espacial	uzay gemisi	[uzaj gemisi]
estación (f) orbital	yörünge istasyonu	[jørynge istasjonu]
despegue (m)	uzaya fırlatma	[uzaja fırlatma]
motor (m)	motor	[motor]
tobera (f)	roket memesi	[roket memesi]
combustible (m)	yakıt	[jakıt]
carlinga (f)	kabin	[kabin]
antena (f)	anten	[anten]
ventana (f)	lombar	[lombar]
batería (f) solar	güneş paneli	[gyneʃ paneli]
escafandra (f)	uzay giysisi	[uzaj gijsisi]
ingravidez (f)	ağırlıksızlık	[aırlıksızlık]
oxígeno (m)	oksijen	[oksiʒen]
atraque (m)	uzayda kenetlenme	[uzajda kenetlenme]
realizar el atraque	kenetlenmek	[kenetlenmek]
observatorio (m)	gözlemevi	[gøzlemevi]
telescopio (m)	teleskop	[teleskop]
observar (vt)	gözlemlemek	[gøzlemlemek]
explorar (~ el universo)	araştırmak	[araʃtırmak]

75. La tierra

Español	Turco	Pronunciación
Tierra (f)	Dünya	[dynja]
globo (m) terrestre	yerküre	[jerkyre]
planeta (m)	gezegen	[gezegen]
atmósfera (f)	atmosfer	[atmosfer]
geografía (f)	coğrafya	[dʒoorafja]
naturaleza (f)	doğa	[doa]
globo (m) terráqueo	yerküre modeli	[jerkyre modeli]
mapa (m)	harita	[harita]
atlas (m)	atlas	[atlas]
Europa (f)	Avrupa	[avrupa]
Asia (f)	Asya	[asja]
África (f)	Afrika	[afrika]
Australia (f)	Avustralya	[avustralja]
América (f)	Amerika	[amerika]
América (f) del Norte	Kuzey Amerika	[kuzej amerika]
América (f) del Sur	Güney Amerika	[gynej amerika]
Antártida (f)	Antarktika	[antarktika]
Ártico (m)	Arktik, Kuzey Kutbu	[arktik], [kuzej kutbu]

76. Los puntos cardinales

norte (m)	kuzey	[kuzej]
al norte	kuzeye	[kuzeje]
en el norte	kuzeyde	[kuzejde]
del norte (adj)	kuzey	[kuzej]
sur (m)	güney	[gynej]
al sur	güneye	[gyneje]
en el sur	güneyde	[gynejde]
del sur (adj)	güney	[gynej]
oeste (m)	batı	[batı]
al oeste	batıya	[batıja]
en el oeste	batıda	[batıda]
del oeste (adj)	batı	[batı]
este (m)	doğu	[dou]
al este	doğuya	[douja]
en el este	doğuda	[douda]
del este (adj)	doğu	[dou]

77. El mar. El océano

mar (m)	deniz	[deniz]
océano (m)	okyanus	[okjanus]
golfo (m)	körfez	[kørfez]
estrecho (m)	boğaz	[boaz]
tierra (f) firme	kara	[kara]
continente (m)	kıta	[kıta]
isla (f)	ada	[ada]
península (f)	yarımada	[jarımada]
archipiélago (m)	takımada	[takımada]
bahía (f)	koy	[koj]
ensenada, bahía (f)	liman	[liman]
laguna (f)	deniz kulağı	[deniz kulaı]
cabo (m)	burun	[burun]
atolón (m)	atol	[atol]
arrecife (m)	resif	[resif]
coral (m)	mercan	[merdʒan]
arrecife (m) de coral	mercan resifi	[merdʒan resifi]
profundo (adj)	derin	[derin]
profundidad (f)	derinlik	[derinlik]
abismo (m)	uçurum	[utʃurum]
fosa (f) oceánica	çukur	[tʃukur]
corriente (f)	akıntı	[akıntı]
bañar (rodear)	çevrelemek	[tʃevrelemek]
orilla (f)	kıyı	[kıjı]

77

costa (f)	kıyı, sahil	[kıjı], [sahil]
flujo (m)	kabarma, met	[kabarma], [met]
reflujo (m)	cezir	[dʒezir]
banco (m) de arena	sığlık	[sıılık]
fondo (m)	dip	[dip]

ola (f)	dalga	[dalga]
cresta (f) de la ola	tepe	[tepe]
espuma (f)	köpük	[køpyk]

tempestad (f)	fırtına	[fırtına]
huracán (m)	kasırga	[kasırga]
tsunami (m)	tsunami	[tsunami]
bonanza (f)	limanlık, sakin	[limanlık], [sakin]
calmo, tranquilo	sakin	[sakin]

| polo (m) | kutup | [kutup] |
| polar (adj) | kutup, kutupsal | [kutup], [kutupsal] |

latitud (f)	enlem	[enlem]
longitud (f)	boylam	[bojlam]
paralelo (m)	paralel	[paralel]
ecuador (m)	ekvator	[ekvator]

cielo (m)	gök	[gøk]
horizonte (m)	ufuk	[ufuk]
aire (m)	hava	[hava]

faro (m)	deniz feneri	[deniz feneri]
bucear (vi)	dalmak	[dalmak]
hundirse (vr)	batmak	[batmak]
tesoros (m pl)	hazine	[hazine]

78. Los nombres de los mares y los océanos

océano (m) Atlántico	Atlas Okyanusu	[atlas okjanusu]
océano (m) Índico	Hint Okyanusu	[hint okjanusu]
océano (m) Pacífico	Pasifik Okyanusu	[pasifik okjanusu]
océano (m) Glacial Ártico	Kuzey Buz Denizi	[kuzej buz denizi]

mar (m) Negro	Karadeniz	[karadeniz]
mar (m) Rojo	Kızıldeniz	[kızıldeniz]
mar (m) Amarillo	Sarı Deniz	[sarı deniz]
mar (m) Blanco	Beyaz Deniz	[bejaz deniz]

mar (m) Caspio	Hazar Denizi	[hazar denizi]
mar (m) Muerto	Ölüdeniz	[ølydeniz]
mar (m) Mediterráneo	Akdeniz	[akdeniz]

| mar (m) Egeo | Ege Denizi | [ege denizi] |
| mar (m) Adriático | Adriyatik Denizi | [adrijatik denizi] |

| mar (m) Arábigo | Umman Denizi | [umman denizi] |
| mar (m) del Japón | Japon Denizi | [ʒapon denizi] |

T&P Books. Vocabulario Español-Turco - 3000 palabras más usadas

| mar (m) de Bering | Bering Denizi | [bering denizi] |
| mar (m) de la China Meridional | Güney Çin Denizi | [gynej tʃin denizi] |

mar (m) del Coral	Mercan Denizi	[merdʒan denizi]
mar (m) de Tasmania	Tasman Denizi	[tasman denizi]
mar (m) Caribe	Karayip Denizi	[karajip denizi]

| mar (m) de Barents | Barent Denizi | [barent denizi] |
| mar (m) de Kara | Kara Denizi | [kara denizi] |

mar (m) del Norte	Kuzey Denizi	[kuzej denizi]
mar (m) Báltico	Baltık Denizi	[baltık denizi]
mar (m) de Noruega	Norveç Denizi	[norvetʃ denizi]

79. Las montañas

montaña (f)	dağ	[daa]
cadena (f) de montañas	dağ silsilesi	[daa silsilesi]
cresta (f) de montañas	sıradağlar	[sıradaalar]

cima (f)	zirve	[zirve]
pico (m)	doruk, zirve	[doruk], [zirve]
pie (m)	etek	[etek]
cuesta (f)	yamaç	[jamatʃ]

volcán (m)	yanardağ	[janardaa]
volcán (m) activo	faal yanardağ	[faal janardaa]
volcán (m) apagado	sönmüş yanardağ	[sønmyʃ janardaa]

erupción (f)	püskürme	[pyskyrme]
cráter (m)	yanardağ ağzı	[janardaa aazı]
magma (m)	magma	[magma]
lava (f)	lav	[lav]
fundido (lava ~a)	erimiş	[erimiʃ]

cañón (m)	kanyon	[kanjon]
desfiladero (m)	boğaz	[boaz]
grieta (f)	çatlak, yarık	[tʃatlak], [jarık]
precipicio (m)	uçurum	[utʃurum]

puerto (m) (paso)	dağ geçidi	[daa getʃidi]
meseta (f)	yayla	[jajla]
roca (f)	uçurum, falez	[utʃurum], [falez]
colina (f)	tepe	[tepe]

glaciar (m)	buzul	[buzul]
cascada (f)	şelâle	[ʃelale]
geiser (m)	gayzer	[gajzer]
lago (m)	göl	[gøl]

llanura (f)	ova	[ova]
paisaje (m)	manzara	[manzara]
eco (m)	yankı	[jankı]

alpinista (m)	dağcı, alpinist	[daadʒı], [alpinist]
escalador (m)	dağcı	[daadʒı]
conquistar (vt)	fethetmek	[fethetmek]
ascensión (f)	tırmanma	[tırmanma]

80. Los nombres de las montañas

Alpes (m pl)	Alp Dağları	[alp daaları]
Montblanc (m)	Mont Blanc	[mont blan]
Pirineos (m pl)	Pireneler	[pirineler]

Cárpatos (m pl)	Karpatlar	[karpatlar]
Urales (m pl)	Ural Dağları	[ural daaları]
Cáucaso (m)	Kafkas Dağları	[kafkas daaları]
Elbrus (m)	Elbruz Dağı	[elbrus daaı]

Altai (m)	Altay Dağları	[altaj daaları]
Tian-Shan (m)	Tanrı Dağları	[tanrı daaları]
Pamir (m)	Pamir Dağları	[pamir daaları]
Himalayos (m pl)	Himalaya Dağları	[himalaja daaları]
Everest (m)	Everest Dağı	[everest daaı]

| Andes (m pl) | And Dağları | [and daaları] |
| Kilimanjaro (m) | Kilimanjaro Dağı | [kilimanʒaro daaı] |

81. Los ríos

río (m)	nehir, ırmak	[nehir], [ırmak]
manantial (m)	kaynak	[kajnak]
lecho (m) (curso de agua)	nehir yatağı	[nehir jataı]
cuenca (f) fluvial	havza	[havza]
desembocar en ...	dökülmek	[døkylmek]

| afluente (m) | kol | [kol] |
| ribera (f) | kıyı, sahil | [kıjı], [sahil] |

corriente (f)	akıntı	[akıntı]
río abajo (adv)	nehir boyunca	[nehir bojundʒa]
río arriba (adv)	nehirden yukarı	[nehirden jukarı]

inundación (f)	taşkın	[taʃkın]
riada (f)	nehrin taşması	[nehrin taʃması]
desbordarse (vr)	taşmak	[taʃmak]
inundar (vt)	su basmak	[su basmak]

| bajo (m) arenoso | sığlık | [sıılık] |
| rápido (m) | ivinti yeri | [ivinti jeri] |

presa (f)	baraj	[baraʒ]
canal (m)	kanal	[kanal]
lago (m) artificiale	baraj gölü	[baraʒ gøly]
esclusa (f)	savak kapağı	[savak kapaı]

cuerpo (m) de agua	su birikintisi	[su birikintisi]
pantano (m)	bataklık	[bataklık]
ciénaga (f)	bataklık arazi	[bataklık arazi]
remolino (m)	girdap	[girdap]
arroyo (m)	dere	[dere]
potable (adj)	içilir	[itʃilir]
dulce (agua ~)	tatlı, içilebilir	[tatlı], [itʃilebilir]
hielo (m)	buz	[buz]
helarse (el lago, etc.)	buz tutmak, donmak	[buz tutmak], [donmak]

82. Los nombres de los ríos

Sena (m)	Sen nehri	[sen nehri]
Loira (m)	Loire nehri	[luara nehri]
Támesis (m)	Thames nehri	[temz nehri]
Rin (m)	Ren nehri	[ren nehri]
Danubio (m)	Tuna nehri	[tuna nehri]
Volga (m)	Volga nehri	[volga nehri]
Don (m)	Don nehri	[don nehri]
Lena (m)	Lena nehri	[lena nehri]
Río (m) Amarillo	Sarı Irmak	[sarı ırmak]
Río (m) Azul	Yangçe nehri	[jangtʃe nehri]
Mekong (m)	Mekong nehri	[mekong nehri]
Ganges (m)	Ganj nehri	[ganʒ nehri]
Nilo (m)	Nil nehri	[nil nehri]
Congo (m)	Kongo nehri	[kongo nehri]
Okavango (m)	Okavango nehri	[okavango nehri]
Zambeze (m)	Zambezi nehri	[zambezi nehri]
Limpopo (m)	Limpopo nehri	[limpopo nehri]
Misisipi (m)	Mississippi nehri	[misisipi nehri]

83. El bosque

bosque (m)	orman	[orman]
de bosque (adj)	orman	[orman]
espesura (f)	sık orman	[sık orman]
bosquecillo (m)	koru, ağaçlık	[koru], [aatʃlık]
claro (m)	ormanda açıklığı	[ormanda atʃıklıı]
maleza (f)	sık ağaçlık	[ʃık aatʃlık]
matorral (m)	çalılık	[tʃalılık]
senda (f)	keçi yolu	[ketʃi jolu]
barranco (m)	sel yatağı	[sel jataı]
árbol (m)	ağaç	[aatʃ]

T&P Books. Vocabulario Español-Turco - 3000 palabras más usadas

hoja (f)	yaprak	[japrak]
follaje (m)	yapraklar	[japraklar]
caída (f) de hojas	yaprak dökümü	[japrak døkymy]
caer (las hojas)	dökülmek	[døkylmek]
cima (f)	ağacın tepesi	[aadʒın tepesi]

rama (f)	dal	[dal]
rama (f) (gruesa)	ağaç dalı	[aatʃ dalı]
brote (m)	tomurcuk	[tomurdʒuk]
aguja (f)	iğne yaprak	[iine japrak]
piña (f)	kozalak	[kozalak]

| agujero (m) | ağaç kovuğu | [aatʃ kovuu] |
| nido (m) | yuva | [juva] |

tronco (m)	gövde	[gøvde]
raíz (f)	kök	[køk]
corteza (f)	kabuk	[kabuk]
musgo (m)	yosun	[josun]

extirpar (vt)	kökünden sökmek	[køkynden søkmek]
talar (vt)	kesmek	[kesmek]
deforestar (vt)	ağaçları yok etmek	[aatʃları jok etmek]
tocón (m)	kütük	[kytyk]

hoguera (f)	kamp ateşi	[kamp ateʃi]
incendio (m) forestal	orman yangını	[orman jangını]
apagar (~ el incendio)	söndürmek	[søndyrmek]

guarda (m) forestal	orman bekçisi	[orman bektʃisi]
protección (f)	koruma	[koruma]
proteger (vt)	korumak	[korumak]
cazador (m) furtivo	kaçak avcı	[katʃak avdʒı]
cepo (m)	kapan	[kapan]

| recoger (setas, bayas) | toplamak | [toplamak] |
| perderse (vr) | yolunu kaybetmek | [jolunu kajbetmek] |

84. Los recursos naturales

recursos (m pl) naturales	doğal kaynaklar	[doal kajnaklar]
recursos (m pl) subterráneos	yeraltı kaynakları	[jeraltı kajnakları]
depósitos (m pl)	rezerv	[rezerv]
yacimiento (m)	yatak	[jatak]

extraer (vt)	çıkarmak	[tʃıkarmak]
extracción (f)	maden çıkarma	[maden tʃıkarma]
mena (f)	maden cevheri	[maden dʒevheri]
mina (f)	maden ocağı	[maden odʒaı]
pozo (m) de mina	kuyu	[kuju]
minero (m)	maden işçisi	[maden iʃtʃisi]
gas (m)	gaz	[gaz]
gasoducto (m)	gaz boru hattı	[gaz boru hattı]

T&P Books. Vocabulario Español-Turco - 3000 palabras más usadas

petróleo (m)	petrol	[petrol]
oleoducto (m)	petrol boru hattı	[petrol boru hattı]
pozo (m) de petróleo	petrol kulesi	[petrol kulesi]
torre (f) de sondeo	sondaj kulesi	[sondaʒ kulesi]
petrolero (m)	tanker	[tanker]

arena (f)	kum	[kum]
caliza (f)	kireçtaşı	[kiretʃtaʃı]
grava (f)	çakıl	[tʃakılı]
turba (f)	turba	[turba]
arcilla (f)	kil	[kil]
carbón (m)	kömür	[kømyr]

hierro (m)	demir	[demir]
oro (m)	altın	[altın]
plata (f)	gümüş	[gymyʃ]
níquel (m)	nikel	[nikel]
cobre (m)	bakır	[bakır]

zinc (m)	çinko	[tʃinko]
manganeso (m)	manganez	[manganez]
mercurio (m)	cıva	[dʒıva]
plomo (m)	kurşun	[kurʃun]

mineral (m)	mineral	[mineral]
cristal (m)	billur	[billyr]
mármol (m)	mermer	[mermer]
uranio (m)	uranyum	[uranjum]

85. El tiempo

tiempo (m)	hava	[hava]
previsión (f) del tiempo	hava tahmini	[hava tahmini]
temperatura (f)	sıcaklık	[sıdʒaklık]
termómetro (m)	termometre	[termometre]
barómetro (m)	barometre	[barometre]

húmedo (adj)	nemli	[nemli]
humedad (f)	nem	[nem]
bochorno (m)	sıcak hava	[sıdʒak hava]
tórrido (adj)	sıcak	[sıdʒak]
hace mucho calor	hava sıcak	[hava sıdʒak]

| hace calor (templado) | hava ılık | [hava ılık] |
| templado (adj) | ılık | [ılık] |

| hace frío | hava soğuk | [hava souk] |
| frío (adj) | soğuk | [souk] |

sol (m)	güneş	[gyneʃ]
brillar (vi)	ışık saçmak, parlamak	[ıʃık satʃmak], [parlamak]
soleado (un día ~)	güneşli	[gyneʃli]
elevarse (el sol)	doğmak	[doomak]
ponerse (vr)	batmak	[batmak]

nube (f)	bulut	[bulut]
nuboso (adj)	bulutlu	[bulutlu]
nubarrón (m)	yağmur bulutu	[jaamur bulutu]
nublado (adj)	kapalı	[kapalı]
lluvia (f)	yağmur	[jaamur]
está lloviendo	yağmur yağıyor	[jaamur jaıjor]
lluvioso (adj)	yağmurlu	[jaamurlu]
lloviznar (vi)	çiselemek	[ʧiselemek]
aguacero (m)	sağanak	[saanak]
chaparrón (m)	şiddetli yağmur	[ʃiddetli jaamur]
fuerte (la lluvia ~)	şiddetli, zorlu	[ʃiddetli], [zorlu]
charco (m)	su birikintisi	[su birikintisi]
mojarse (vr)	ıslanmak	[ıslanmak]
niebla (f)	sis, duman	[sis], [duman]
nebuloso (adj)	sisli	[sisli]
nieve (f)	kar	[kar]
está nevando	kar yağıyor	[kar jaıjor]

86. Los eventos climáticos severos. Los desastres naturales

tormenta (f)	boran	[boran]
relámpago (m)	şimşek	[ʃimʃek]
relampaguear (vi)	çakmak	[ʧakmak]
trueno (m)	gök gürültüsü	[gøk gyryltysy]
tronar (vi)	gürlemek	[gyrlemek]
está tronando	gök gürlüyor	[gøk gyrlyjor]
granizo (m)	dolu	[dolu]
está granizando	dolu yağıyor	[dolu jaıjor]
inundar (vt)	su basmak	[su basmak]
inundación (f)	taşkın	[taʃkın]
terremoto (m)	deprem	[deprem]
sacudida (f)	sarsıntı	[sarsıntı]
epicentro (m)	merkez üssü	[merkez yssy]
erupción (f)	püskürme	[pyskyrme]
lava (f)	lav	[lav]
torbellino (m), tornado (m)	hortum	[hortum]
tifón (m)	tayfun	[tajfun]
huracán (m)	kasırga	[kasırga]
tempestad (f)	fırtına	[fırtına]
tsunami (m)	tsunami	[tsunami]
ciclón (m)	siklon	[siklon]
mal tiempo (m)	kötü hava	[køty hava]
incendio (m)	yangın	[jangın]

catástrofe (f)	felaket	[felaket]
meteorito (m)	göktaşı	[gøktaʃı]
avalancha (f)	çığ	[ʧıı]
alud (m) de nieve	çığ düşmesi	[ʧıı dyʃmesi]
ventisca (f)	tipi	[tipi]
nevasca (f)	kar fırtınası	[kar fırtınası]

LA FAUNA

87. Los mamíferos. Los predadores

carnívoro (m)	yırtıcı hayvan	[jɪrtɪdʒɪ hajvan]
tigre (m)	kaplan	[kaplan]
león (m)	aslan	[aslan]
lobo (m)	kurt	[kurt]
zorro (m)	tilki	[tilki]
jaguar (m)	jaguar	[ʒaguar]
leopardo (m)	pars, leopar	[pars], [leopar]
guepardo (m)	çita	[tʃita]
pantera (f)	panter	[panter]
puma (f)	puma	[puma]
leopardo (m) de las nieves	kar leoparı	[kar leoparı]
lince (m)	vaşak	[vaʃak]
coyote (m)	kır kurdu	[kır kurdu]
chacal (m)	çakal	[tʃakal]
hiena (f)	sırtlan	[sırtlan]

88. Los animales salvajes

animal (m)	hayvan	[hajvan]
bestia (f)	vahşi hayvan	[vahʃi hajvan]
ardilla (f)	sincap	[sindʒap]
erizo (m)	kirpi	[kirpi]
liebre (f)	yabani tavşan	[jabani tavʃan]
conejo (m)	tavşan	[tavʃan]
tejón (m)	porsuk	[porsuk]
mapache (m)	rakun	[rakun]
hámster (m)	cırlak sıçan	[dʒirlak sıtʃan]
marmota (f)	marmot	[marmot]
topo (m)	köstebek	[køstebek]
ratón (m)	fare	[fare]
rata (f)	keme, sıçan	[keme], [sıtʃan]
murciélago (m)	yarasa	[jarasa]
armiño (m)	kakım	[kakım]
cebellina (f)	samur	[samur]
marta (f)	ağaç sansarı	[aatʃ sansarı]
comadreja (f)	gelincik	[gelindʒik]
visón (m)	vizon	[vizon]

castor (m)	kunduz	[kunduz]
nutria (f)	su samuru	[su samuru]

caballo (m)	at	[at]
alce (m)	sığın	[sıın]
ciervo (m)	geyik	[gejik]
camello (m)	deve	[deve]

bisonte (m)	Amerika bizonu	[amerika bizonu]
uro (m)	Avrupa bizonu	[avrupa bizonu]
búfalo (m)	manda	[manda]

cebra (f)	zebra	[zebra]
antílope (m)	antilop	[antilop]
corzo (m)	karaca	[karadʒa]
gamo (m)	alageyik	[alagejik]
gamuza (f)	çengel boynuzlu dağ keçisi	[tʃengel bojnuzlu da ketʃisi]
jabalí (m)	yaban domuzu	[jaban domuzu]

ballena (f)	balina	[balina]
foca (f)	fok	[fok]
morsa (f)	mors	[mors]
oso (m) marino	kuzey deniz ayısı	[kuzej deniz ajısı]
delfín (m)	yunus, tırtak	[junus], [tırtak]

oso (m)	ayı	[ajı]
oso (m) blanco	kutup ayısı	[kutup ajısı]
panda (f)	panda	[panda]

mono (m)	maymun	[majmun]
chimpancé (m)	şempanze	[ʃempanze]
orangután (m)	orangutan	[orangutan]
gorila (m)	goril	[goril]
macaco (m)	makak, şebek	[makak], [ʃebek]
gibón (m)	jibon	[ʒibon]

elefante (m)	fil	[fil]
rinoceronte (m)	gergedan	[gergedan]
jirafa (f)	zürafa	[zyrafa]
hipopótamo (m)	su aygırı	[su ajgırı]

canguro (m)	kanguru	[kanguru]
koala (f)	koala	[koala]

mangosta (f)	firavun faresi	[fıravun faresi]
chinchilla (f)	şinşilla, çinçilla	[ʃinʃilla], [tʃintʃilla]
mofeta (f)	kokarca	[kokardʒa]
espín (m)	oklu kirpi	[oklu kirpi]

89. Los animales domésticos

gata (f)	kedi	[kedi]
gato (m)	erkek kedi	[erkek kedi]
perro (m)	köpek	[køpek]

T&P Books. Vocabulario Español-Turco - 3000 palabras más usadas

caballo (m)	at	[at]
garañón (m)	aygır	[ajgır]
yegua (f)	kısrak	[kısrak]

vaca (f)	inek	[inek]
toro (m)	boğa	[boa]
buey (m)	öküz	[økyz]

oveja (f)	koyun	[kojun]
carnero (m)	koç	[kotʃ]
cabra (f)	keçi	[ketʃi]
cabrón (m)	teke	[teke]

| asno (m) | eşek | [eʃek] |
| mulo (m) | katır | [katır] |

cerdo (m)	domuz	[domuz]
cerdito (m)	domuz yavrusu	[domuz javrusu]
conejo (m)	tavşan	[tavʃan]

| gallina (f) | tavuk | [tavuk] |
| gallo (m) | horoz | [horoz] |

pato (m)	ördek	[ørdek]
ánade (m)	suna	[suna]
ganso (m)	kaz	[kaz]

| pavo (m) | gurk | [gurk] |
| pava (f) | dişi hindi | [diʃi hindi] |

animales (m pl) domésticos	evcil hayvanlar	[evdʒil hajvanlar]
domesticado (adj)	uysal	[ujsal]
domesticar (vt)	evcilleştirmek	[evdʒilleʃtirmek]
criar (vt)	yetiştirmek	[jetiʃtirmek]

granja (f)	çiftlik	[tʃiftlik]
aves (f pl) de corral	kümes hayvanları	[kymes hajvanları]
ganado (m)	çiftlik hayvanları	[tʃiftlik hajvanları]
rebaño (m)	sürü	[syry]

caballeriza (f)	ahır	[ahır]
porqueriza (f)	domuz ahırı	[domuz ahırı]
vaquería (f)	inek ahırı	[inek ahırı]
conejal (m)	tavşan kafesi	[tavʃan kafesi]
gallinero (m)	tavuk kümesi	[tavuk kymesi]

90. Los pájaros

pájaro (m)	kuş	[kuʃ]
paloma (f)	güvercin	[gyverdʒin]
gorrión (m)	serçe	[sertʃe]
carbonero (m)	baştankara	[baʃtankara]
urraca (f)	saksağan	[saksaan]
cuervo (m)	karakarga	[karakarga]

corneja (f)	karga	[karga]
chova (f)	küçük karga	[kytʃuk karga]
grajo (m)	ekin kargası	[ekin kargası]
pato (m)	ördek	[ørdek]
ganso (m)	kaz	[kaz]
faisán (m)	sülün	[sylyn]
águila (f)	kartal	[kartal]
azor (m)	atmaca	[atmadʒa]
halcón (m)	doğan	[doan]
buitre (m)	akbaba	[akbaba]
cóndor (m)	kondor	[kondor]
cisne (m)	kuğu	[kuu]
grulla (f)	turna	[turna]
cigüeña (f)	leylek	[lejlek]
loro (m), papagayo (m)	papağan	[papaan]
colibrí (m)	sinek kuşu	[sinek kuʃu]
pavo (m) real	tavus kuşu	[tavus kuʃu]
avestruz (m)	deve kuşu	[deve kuʃu]
garza (f)	balıkçıl	[balıktʃil]
flamenco (m)	flamingo	[flamingo]
pelícano (m)	pelikan	[pelikan]
ruiseñor (m)	bülbül	[bylbyl]
golondrina (f)	kırlangıç	[kırlangıtʃ]
tordo (m)	tarla ardıç kuşu	[tarla ardıtʃ kuʃu]
zorzal (m)	öter ardıç kuşu	[øter ardıtʃ kuʃu]
mirlo (m)	karatavuk	[karatavuk]
vencejo (m)	ebabil	[ebabil]
alondra (f)	toygar	[tojgar]
codorniz (f)	bıldırcın	[bıldırdʒın]
pájaro carpintero (m)	ağaçkakan	[aatʃkakan]
cuco (m)	guguk	[guguk]
lechuza (f)	baykuş	[bajkuʃ]
búho (m)	puhu	[puhu]
urogallo (m)	çalı horozu	[tʃalı horozu]
gallo lira (m)	kara orman tavuğu	[kara orman tavuu]
perdiz (f)	keklik	[keklik]
estornino (m)	sığırcık	[sıırdʒık]
canario (m)	kanarya	[kanarja]
ortega (f)	elâ orman tavuğu	[elâ orman tavuu]
pinzón (m)	ispinoz	[ispinoz]
camachuelo (m)	şakrak kuşu	[ʃakrak kuʃu]
gaviota (f)	martı	[martı]
albatros (m)	albatros	[albatros]
pingüino (m)	penguen	[penguen]

91. Los peces. Los animales marinos

brema (f)	çapak balığı	[tʃapak balıı]
carpa (f)	sazan	[sazan]
perca (f)	tatlı su levreği	[tatlı su levrei]
siluro (m)	yayın balığı	[jajın balıı]
lucio (m)	turna balığı	[turna balıı]

salmón (m)	**Pasifik sombalığı**	[pasifik sombalıı]
esturión (m)	mersin balığı	[mersin balıı]

arenque (m)	ringa	[ringa]
salmón (m) del Atlántico	**Atlantik sombalığı**	[atlantik sombalıı]
caballa (f)	uskumru	[uskumru]
lenguado (m)	yassı balık	[jassı balık]

lucioperca (f)	uzun levrek	[uzun levrek]
bacalao (m)	**Atlantik morinası**	[atlantik morinası]
atún (m)	ton balığı	[ton balıı]
trucha (f)	alabalık	[alabalık]

anguila (f)	yılan balığı	[jılan balıı]
raya (f) eléctrica	torpil balığı	[torpil balıı]
morena (f)	murana	[murana]
piraña (f)	pirana	[pirana]

tiburón (m)	köpek balığı	[køpek balıı]
delfín (m)	yunus, tırtak	[junus], [tırtak]
ballena (f)	balina	[balina]

centolla (f)	yengeç	[jengetʃ]
medusa (f)	deniz anası	[deniz anası]
pulpo (m)	ahtapot	[ahtapot]

estrella (f) de mar	deniz yıldızı	[deniz jıldızı]
erizo (m) de mar	deniz kestanesi	[deniz kestanesi]
caballito (m) de mar	deniz atı	[deniz atı]

ostra (f)	istiridye	[istiridje]
camarón (m)	karides	[karides]
bogavante (m)	ıstakoz	[ıstakoz]
langosta (f)	langust	[langust]

92. Los anfibios. Los reptiles

serpiente (f)	yılan	[jılan]
venenoso (adj)	zehirli	[zehirli]

víbora (f)	engerek	[engerek]
cobra (f)	kobra	[kobra]
pitón (m)	piton	[piton]
boa (f)	boa yılanı	[boa jılanı]
culebra (f)	yarı sucul yılan	[jarı sudʒul jılan]

| serpiente (m) de cascabel | çıngıraklı yılan | [tʃɯrgɯraklɯ jɯlan] |
| anaconda (f) | anakonda | [anakonda] |

lagarto (m)	kertenkele	[kertenkele]
iguana (f)	iguana	[iguana]
varano (m)	varan	[varan]
salamandra (f)	salamandra	[salamandra]
camaleón (m)	bukalemun	[bukalemun]
escorpión (m)	akrep	[akrep]

tortuga (f)	kaplumbağa	[kaplumbaa]
rana (f)	kurbağa	[kurbaa]
sapo (m)	kara kurbağa	[kara kurbaa]
cocodrilo (m)	timsah	[timsah]

93. Los insectos

insecto (m)	böcek, haşere	[bødʒek], [haʃere]
mariposa (f)	kelebek	[kelebek]
hormiga (f)	karınca	[karɯndʒa]
mosca (f)	sinek	[sinek]
mosquito (m) (picadura de ~)	sivrisinek	[sivrisinek]
escarabajo (m)	böcek	[bødʒek]

avispa (f)	yaban arısı	[jaban arɯsɯ]
abeja (f)	arı	[arɯ]
abejorro (m)	bombus arısı	[toprak jaban arɯsɯ]
moscardón (m)	büvelek	[byvelek]

| araña (f) | örümcek | [ørymdʒek] |
| telaraña (f) | örümcek ağı | [ørymdʒek aɯ] |

libélula (f)	yusufçuk	[jusuftʃuk]
saltamontes (m)	çekirge	[tʃekirge]
mariposa (f) nocturna	gece kelebeği	[gedʒe kelebei]

cucaracha (f)	hamam böceği	[hamam bødʒei]
garrapata (f)	kene, sakırga	[kene], [sakɯrga]
pulga (f)	pire	[pire]
mosca (f) negra	tatarcık	[tatardʒɯk]

langosta (f)	madrap çekirgesi	[madrap tʃekirgesi]
caracol (m)	sümüklü böcek	[symykly bødʒek]
grillo (m)	cırcır böceği	[dʒɯrdʒɯr bødʒei]
luciérnaga (f)	ateş böceği	[ateʃ bødʒei]
mariquita (f)	uğur böceği	[uur bødʒei]
sanjuanero (m)	mayıs böceği	[majɯs bødʒei]

sanguijuela (f)	sülük	[sylyk]
oruga (f)	tırtıl	[tɯrtɯl]
lombriz (m) de tierra	solucan	[soludʒan]
larva (f)	larva, kurtçuk	[larva], [kurttʃuk]

LA FLORA

94. Los árboles

árbol (m)	ağaç	[aatʃ]
foliáceo (adj)	geniş yapraklı	[geniʃ japraklı]
conífero (adj)	iğne yapraklı	[iine japraklı]
de hoja perenne	yaprak dökmeyen	[japrak døkmejen]
manzano (m)	elma ağacı	[elma aadʒı]
peral (m)	armut ağacı	[armut aadʒı]
cerezo (m)	kiraz ağacı	[kiraz aadʒı]
guindo (m)	vişne ağacı	[viʃne aadʒı]
ciruelo (m)	erik ağacı	[erik aadʒı]
abedul (m)	huş	[huʃ]
roble (m)	meşe	[meʃe]
tilo (m)	ıhlamur	[ıhlamur]
pobo (m)	titrek kavak	[titrek kavak]
arce (m)	akçaağaç	[aktʃa aatʃ]
pícea (f)	ladin	[ladin]
pino (m)	çam	[tʃam]
alerce (m)	melez	[melez]
abeto (m)	köknar	[køknar]
cedro (m)	sedir	[sedir]
álamo (m)	kavak	[kavak]
serbal (m)	üvez	[yvez]
sauce (m)	söğüt	[søjut]
aliso (m)	kızılağaç	[kızılaatʃ]
haya (f)	kayın	[kajın]
olmo (m)	karaağaç	[kara aatʃ]
fresno (m)	dişbudak	[diʃbudak]
castaño (m)	kestane	[kestane]
magnolia (f)	manolya	[manolja]
palmera (f)	palmiye	[palmije]
ciprés (m)	servi	[servi]
mangle (m)	mangrov	[mangrov]
baobab (m)	baobab	[baobab]
eucalipto (m)	okaliptüs	[okaliptys]
secoya (f)	sekoya	[sekoja]

95. Los arbustos

mata (f)	çalı	[tʃalı]
arbusto (m)	çalılık	[tʃalılık]

92

| vid (f) | üzüm | [yzym] |
| viñedo (m) | bağ | [baa] |

frambueso (m)	ahududu	[ahududu]
grosellero (m) negro	kuş üzümü bitkisi	[kuʃ yzymy bitkisi]
grosellero (m) rojo	kırmızı frenk üzümü	[kırmızı frenk yzymy]
grosellero (m) espinoso	bektaşi üzümü	[bektaʃi yzymy]

acacia (f)	akasya	[akasja]
berberís (m)	karamuk	[karamuk]
jazmín (m)	yasemin	[jasemin]

enebro (m)	ardıç	[ardıtʃ]
rosal (m)	gül ağacı	[gyl aadʒı]
escaramujo (m)	kuşburnu	[kuʃburnu]

96. Las frutas. Las bayas

fruto (m)	meyve	[mejve]
frutos (m pl)	meyveler	[mejveler]
manzana (f)	elma	[elma]
pera (f)	armut	[armut]
ciruela (f)	erik	[erik]

fresa (f)	çilek	[tʃilek]
guinda (f)	vişne	[viʃne]
cereza (f)	kiraz	[kiraz]
uva (f)	üzüm	[yzym]

frambuesa (f)	ahududu	[ahududu]
grosella (f) negra	kuş üzümü	[kuʃ yzymy]
grosella (f) roja	kırmızı frenk üzümü	[kırmızı frenk yzymy]
grosella (f) espinosa	bektaşi üzümü	[bektaʃi yzymy]
arándano (m) agrio	kızılcık	[kızıldʒık]

naranja (f)	portakal	[portakal]
mandarina (f)	mandalina	[mandalina]
piña (f)	ananas	[ananas]

| banana (f) | muz | [muz] |
| dátil (m) | hurma | [hurma] |

limón (m)	limon	[limon]
albaricoque (m)	kayısı	[kajısı]
melocotón (m)	şeftali	[ʃeftali]

| kiwi (m) | kivi | [kivi] |
| toronja (f) | greyfurt | [grejfurt] |

baya (f)	meyve, yemiş	[mejve], [jemiʃ]
bayas (f pl)	yemişler	[jemiʃler]
arándano (m) rojo	kırmızı yaban mersini	[kırmızı jaban mersini]
fresa (f) silvestre	yabani çilek	[jabani tʃilek]
arándano (m)	yaban mersini	[jaban mersini]

97. Las flores. Las plantas

| flor (f) | çiçek | [tʃitʃek] |
| ramo (m) de flores | buket, çiçek demeti | [buket], [tʃitʃek demeti] |

rosa (f)	gül	[gyl]
tulipán (m)	lale	[lale]
clavel (m)	karanfil	[karanfil]
gladiolo (m)	glayöl	[glajøl]

aciano (m)	peygamber çiçeği	[pejgamber tʃitʃei]
campanilla (f)	çançiçeği	[tʃantʃitʃei]
diente (m) de león	hindiba	[hindiba]
manzanilla (f)	yabani papatya	[jabani papatja]

áloe (m)	sarısabır	[sarısabır]
cacto (m)	kaktüs	[kaktys]
ficus (m)	kauçuk ağacı	[kautʃuk aadʒɪ]

azucena (f)	zambak	[zambak]
geranio (m)	sardunya	[sardunija]
jacinto (m)	sümbül	[symbyl]

mimosa (f)	mimoza	[mimoza]
narciso (m)	nergis	[nergis]
capuchina (f)	Latin çiçeği	[latin tʃitʃei]

orquídea (f)	orkide	[orkide]
peonía (f)	şakayık	[ʃakajık]
violeta (f)	menekşe	[menekʃe]

trinitaria (f)	hercai menekşe	[herdʒai menekʃe]
nomeolvides (f)	unutmabeni	[unutmabeni]
margarita (f)	papatya	[papatja]

amapola (f)	haşhaş	[haʃhaʃ]
cáñamo (m)	kendir	[kendir]
menta (f)	nane	[nane]

| muguete (m) | inci çiçeği | [indʒi tʃitʃei] |
| campanilla (f) de las nieves | kardelen | [kardelen] |

ortiga (f)	ısırgan otu	[ısırgan otu]
acedera (f)	kuzukulağı	[kuzukulaı]
nenúfar (m)	beyaz nilüfer	[bejaz nilyfer]
helecho (m)	eğreltiotu	[eereltiotu]
liquen (m)	liken	[liken]

invernadero (m) tropical	limonluk	[limonlyk]
césped (m)	çimen	[tʃimen]
macizo (m) de flores	çiçek tarhı	[tʃitʃek tarhı]

planta (f)	bitki	[bitki]
hierba (f)	ot	[ot]
hoja (f) de hierba	ot çöpü	[ot tʃøpy]

hoja (f)	yaprak	[japrak]
pétalo (m)	taçyaprak	[tatʃjaprak]
tallo (m)	sap	[sap]
tubérculo (m)	yumru	[jumru]
retoño (m)	fidan	[fidan]
espina (f)	diken	[diken]
florecer (vi)	çiçeklenmek	[tʃitʃeklenmek]
marchitarse (vr)	solmak	[solmak]
olor (m)	koku	[koku]
cortar (vt)	kesmek	[kesmek]
coger (una flor)	koparmak	[koparmak]

98. Los cereales, los granos

grano (m)	tahıl, tane	[tahıl], [tane]
cereales (m pl) (plantas)	tahıllar	[tahıllar]
espiga (f)	başak	[baʃak]
trigo (m)	buğday	[buudaj]
centeno (m)	çavdar	[tʃavdar]
avena (f)	yulaf	[julaf]
mijo (m)	darı	[darı]
cebada (f)	arpa	[arpa]
maíz (m)	mısır	[mısır]
arroz (m)	pirinç	[pirintʃ]
alforfón (m)	karabuğday	[karabuudaj]
guisante (m)	bezelye	[bezelje]
fréjol (m)	kırmızı fasulye	[kırmızı fasulje]
soya (f)	soya	[soja]
lenteja (f)	mercimek	[merdʒimek]
habas (f pl)	fasulye	[fasulje]

LOS PAÍSES

99. Los países. Unidad 1

Afganistán (m)	Afganistan	[afganistan]
Albania (f)	Arnavutluk	[arnavutluk]
Alemania (f)	Almanya	[almanja]
Arabia (f) Saudita	Suudi Arabistan	[suudi arabistan]
Argentina (f)	Arjantin	[arʒantin]
Armenia (f)	Ermenistan	[ermenistan]
Australia (f)	Avustralya	[avustralja]
Austria (f)	Avusturya	[avusturja]
Azerbaiyán (m)	Azerbaycan	[azerbajdʒan]
Bangladesh (m)	Bangladeş	[bangladeʃ]
Bélgica (f)	Belçika	[beltʃika]
Bielorrusia (f)	Beyaz Rusya	[bejaz rusja]
Bolivia (f)	Bolivya	[bolivja]
Bosnia y Herzegovina	Bosna-Hersek	[bosna hertsek]
Brasil (m)	Brezilya	[brezilja]
Bulgaria (f)	Bulgaristan	[bulgaristan]
Camboya (f)	Kamboçya	[kambotʃja]
Canadá (f)	Kanada	[kanada]
Chequia (f)	Çek Cumhuriyeti	[tʃek dʒumhurijeti]
Chile (m)	Şili	[ʃili]
China (f)	Çin	[tʃin]
Chipre (m)	Kıbrıs	[kɪbrɪs]
Colombia (f)	Kolombiya	[kolombija]
Corea (f) del Norte	Kuzey Kore	[kuzej kore]
Corea (f) del Sur	Güney Kore	[gynej kore]
Croacia (f)	Hırvatistan	[hɪrvatistan]
Cuba (f)	Küba	[kyba]
Dinamarca (f)	Danimarka	[danimarka]
Ecuador (m)	Ekvator	[ekvator]
Egipto (m)	Mısır	[mɪsɪr]
Emiratos (m pl) Árabes Unidos	Birleşik Arap Emirlikleri	[birleʃik arap emirlikleri]
Escocia (f)	İskoçya	[iskotʃja]
Eslovaquia (f)	Slovakya	[slovakja]
Eslovenia	Slovenya	[slovenja]
España (f)	İspanya	[ispanja]
Estados Unidos de América (m pl)	Amerika Birleşik Devletleri	[amerika birleʃik devletleri]
Estonia (f)	Estonya	[estonja]
Finlandia (f)	Finlandiya	[finlandja]
Francia (f)	Fransa	[fransa]

100. Los países. Unidad 2

Georgia (f)	Gürcistan	[gyrdʒistan]
Ghana (f)	Gana	[gana]
Gran Bretaña (f)	Büyük Britanya	[byjuk britanja]
Grecia (f)	Yunanistan	[junanistan]
Haití (m)	Haiti	[haiti]
Hungría (f)	Macaristan	[madʒaristan]
India (f)	Hindistan	[hindistan]
Indonesia (f)	Endonezya	[endonezja]
Inglaterra (f)	İngiltere	[ingiltere]
Irak (m)	Irak	[ırak]
Irán (m)	İran	[iran]
Irlanda (f)	İrlanda	[irlanda]
Islandia (f)	İzlanda	[izlanda]
Islas (f pl) Bahamas	Bahama Adaları	[bahama adaları]
Israel (m)	İsrail	[israil]
Italia (f)	İtalya	[italja]
Jamaica (f)	Jamaika	[ʒamajka]
Japón (m)	Japonya	[ʒaponja]
Jordania (f)	Ürdün	[urdyn]
Kazajstán (m)	Kazakistan	[kazakistan]
Kenia (f)	Kenya	[kenja]
Kirguizistán (m)	Kırgızistan	[kırgızistan]
Kuwait (m)	Kuveyt	[kuvejt]
Laos (m)	Laos	[laos]
Letonia (f)	Letonya	[letonja]
Líbano (m)	Lübnan	[lybnan]
Libia (f)	Libya	[libja]
Liechtenstein (m)	Lihtenştayn	[lihtenʃtajn]
Lituania (f)	Litvanya	[litvanja]
Luxemburgo (m)	Lüksemburg	[lyksemburg]
Macedonia	Makedonya	[makedonja]
Madagascar (m)	Madagaskar	[madagaskar]
Malasia (f)	Malezya	[malezja]
Malta (f)	Malta	[malta]
Marruecos (m)	Fas	[fas]
Méjico (m)	Meksika	[meksika]
Moldavia (f)	Moldova	[moldova]
Mónaco (m)	Monako	[monako]
Mongolia (f)	Moğolistan	[moolistan]
Montenegro (m)	Karadağ	[karadaa]
Myanmar (m)	Myanmar	[mjanmar]

101. Los países. Unidad 3

| Namibia (f) | Namibya | [namibja] |
| Nepal (m) | Nepal | [nepal] |

| Noruega (f) | Norveç | [norvetʃ] |
| Nueva Zelanda (f) | Yeni Zelanda | [jeni zelanda] |

Países Bajos (m pl)	Hollanda	[hollanda]
Pakistán (m)	Pakistan	[pakistan]
Palestina (f)	Filistin	[filistin]
Panamá (f)	Panama	[panama]
Paraguay (m)	Paraguay	[paraguaj]
Perú (m)	Peru	[peru]
Polinesia (f) Francesa	Fransız Polinezyası	[fransız polinezjası]
Polonia (f)	Polonya	[polonja]
Portugal (m)	Portekiz	[portekiz]

República (f) Dominicana	Dominik Cumhuriyeti	[dominik dʒumhurijeti]
República (f) Sudafricana	Güney Afrika Cumhuriyeti	[gynej afrika dʒumhurijeti]
Rumania (f)	Romanya	[romanja]
Rusia (f)	Rusya	[rusja]

Senegal (m)	Senegal	[senegal]
Serbia (f)	Sırbistan	[sırbistan]
Siria (f)	Suriye	[surije]
Suecia (f)	İsveç	[isvetʃ]
Suiza (f)	İsviçre	[isvitʃre]
Surinam (m)	Surinam	[surinam]

Tayikistán (m)	Tacikistan	[tadʒikistan]
Tailandia (f)	Tayland	[tailand]
Taiwán (m)	Tayvan	[tajvan]
Tanzania (f)	Tanzanya	[tanzanja]
Tasmania (f)	Tazmanya	[tazmanija]
Túnez (m)	Tunus	[tunus]
Turkmenistán (m)	Türkmenistan	[tyrkmenistan]
Turquía (f)	Türkiye	[tyrkije]

Ucrania (f)	Ukrayna	[ukrajna]
Uruguay (m)	Uruguay	[urugvaj]
Uzbekistán (m)	Özbekistan	[øzbekistan]
Vaticano (m)	Vatikan	[vatikan]
Venezuela (f)	Venezuela	[venezuela]
Vietnam (m)	Vietnam	[vjetnam]
Zanzíbar (m)	Zanzibar	[zanzibar]